恒和信
律师实务丛书

涉外并购
实务指南及案例评析

Cross-Border Mergers and Acquisitions

Practice Guides and Case Study

主编：林檬 付露月 鲁婧岚

法律出版社
LAW PRESS·CHINA
北京

图书在版编目(CIP)数据

涉外并购实务指南及案例评析 / 林檬,付露月,鲁婧岚著. -- 北京:法律出版社,2024
(恒和信律师实务丛书)
ISBN 978 -7 -5197 -5555 -3

Ⅰ.①涉… Ⅱ.①林… ②付… ③鲁… Ⅲ.①跨国兼并-企业法-案例-中国 Ⅳ.①D922.291.915

中国版本图书馆 CIP 数据核字(2021)第 183028 号

恒和信律师实务丛书	**涉外并购实务指南及案例评析** **SHEWAI BINGGOU SHIWU ZHINAN JI ANLI PINGXI**	林　檬 付露月　著 鲁婧岚	策划编辑 张　珺　田　浩 责任编辑 张　珺　田　浩 装帧设计 臧晓飞

出版发行 法律出版社
编辑统筹 法商出版分社
责任校对 王晓萍
责任印制 胡晓雅
经　　销 新华书店

开本 710 毫米×1000 毫米　1/16
印张 12.5　　**字数** 204 千
版本 2024 年 1 月第 1 版
印次 2024 年 1 月第 1 次印刷
印刷 固安华明印业有限公司

地址:北京市丰台区莲花池西里 7 号(100073)
网址:www.lawpress.com.cn
投稿邮箱:info@lawpress.com.cn
举报盗版邮箱:jbwq@lawpress.com.cn
销售电话:010 -83938349
客服电话:010 -83938350
咨询电话:010 -63939796

书号:ISBN 978 -7 -5197 -5555 -3　　**定价**:60.00 元
凡购买本社图书,如有印装错误,我社负责退换。电话:010 -83938349

《涉外并购-实务指南及案例评析》
编辑委员会

前言
涉外并购风险

根据全球领先的咨询公司麦肯锡出具的报告,① 2020 年，受新冠肺炎疫情和世界形势的影响，中国对外投资的势头持续下滑，涉外并购交易量相较 2016 年的峰值减少 80%，预计中国涉外并购将在未来三年步入新常态。自 2013 年起，中国企业掀起了涉外并购的热潮，其中以民企最为突出，如万达收购美国传奇影业、吉利收购沃尔沃、海航收购德意志银行、海尔收购美国通用电气、联想收购 IBM 等。中国企业发起的一系列大型涉外并购在世界商界引发广泛关注，吉利收购沃尔沃的案例更是被称为“蛇吞象”。但中国企业的涉外并购之路并非一帆风顺，涉外不断“爆雷”，涉外投资损失惨重，促使国家发展和改革委员会等部门陆续出台“紧箍咒”，如 2017 年出台的《关于进一步引导和规范境外投资方向的指导意见》,② 限制了中国企业在房地产、酒店、影城、娱乐业、体育俱乐部等中国企业在前几年最热衷的领域的投资。

以暴风科技“爆雷”案为例。涉外体育市场一直是中国企业对外投资的热门行业之一，例如，乐视体育收购英超在我国香港特别行政区的独家转播权，苏宁 PPTV 以 2.5 亿欧元的价格买下西甲独家全媒体版权，安踏体育要约收购芬兰体育用品集团亚玛芬体育，中国华信能源收购捷克老牌足球俱乐部布拉格斯拉维亚等。暴风科技也是瞄准涉外体育市场的一员。2016 年 5 月，暴风科技和光大资本

① 《乘风破浪，激流勇进：中国企业海外并购“新常态”》，载 https://www.sohu.com/a/437796612_651625，最后访问日期：2021 年 7 月 8 日。

② 《关于进一步引导和规范境外投资方向的指导意见》第四条第二款。

联合成立浸鑫基金，募集资金约55亿元，以47亿元的价格收购了一家英国公司MP & Silva Holdings S. A（以下称MPS）65%的股权。MPS是一家成立于伦敦的全球体育媒体代理机构，其业务范围覆盖全球200多个国家和地区，拥有90多个全球赛事版权，如FIFA世界杯、欧洲足球锦标赛、意甲、英超、西甲等。但在收购完成后的第三年，也就是2018年10月17日，英国高等法院出具了破产清算令，宣告MPS破产，也宣告了中国企业47亿元的投资失败。47亿元投资的失败可能是多方面原因所致，但暴风科技是否在涉外并购尽职调查中对投资风险进行过全面、准确地了解和评估，是我们应该去研究和探讨的。MPS是一个估价为72亿元的轻资产公司，其价值在于它所拥有的赛事版权，但从并购完成的第二年开始，也就是2017年10月，MPS便失去了意甲的赛事版权，随后英超、苏格兰职业足球联赛、阿森纳足球俱乐部、国际手球联合会陆续跟MPS终止合作，最终导致了破产清算的结局。暴风科技在尽职调查时是否考虑过版权到期和版权续约的问题，是否考虑过MPS取得赛事版权的竞争力，是否考虑过在取得控股权之后管理和运营的问题，都成为当时收购的疑点，也为中国资本市场留下了遗憾和教训。

境外并购可能因为中外企业文化差异，在并购过程中和并购完成后产生管理和经营的问题；可能因为估价太高、杠杆率太高，导致并购后的收益无法覆盖融资成本等问题。本书将从实务角度出发，覆盖签订意向协议、尽职调查、审查交易文件、过渡期安排、交割、投后管理等涉外并购的全流程，为读者解析相关案例、提供实务指南。

目·录

交易文件审查 第四章

案例评析 第五章

第一章 涉外并购概要

2019年，世界经济增速降至2008年国际金融危机以来最低水平，2020年继续呈下滑趋势，全球涉外直接投资流量将在2019年1.54万亿美元的基础上下降近40%。这是自2005年以来全球涉外直接投资流量首次低于1万亿美元。中国企业的对外投资在2019年、2020年亦呈现下降和放缓的趋势，但中国企业的对外投资规模仍然位于世界前列，对于世界经济的影响仍在不断扩大。根据商务部、国家统计局和国家外汇管理局在2020年9月联合发布的《2019年度中国对外直接投资统计公报》（以下简称《2019年统计公报》）显示，2019年，中国对外直接投资净额为1369.1亿美元，同比下降4.3%。截至2019年年底，中国2.75万家境内投资者在境外共设立对外直接投资企业4.4万家，年末境外企业资产总额7.2万亿美元。对外直接投资累计净额达21,988.8亿美元。中国在2019年对外直接投资净额及累计净额分别位列全球国家或地区第2位和第3位。（见表1）

表1　2019年中国对外直接投资流量、存量分类构成情况

分类	流量			存量	
	金额/亿美元	同比/%	比重/%	金额/亿美元	比重/%
合计	1369.1	-4.3	100.0	21,988.8	100.0
金融类	199.5	-8.1	14.6	2545.3	11.6

续表

分类	流量			存量	
	金额/亿美元	同比/%	比重/%	金额/亿美元	比重/%
非金融类	1169.6	-3.6	85.4	19,443.5	88.4

注：1. 金融类指境内投资者直接投向境外金融企业的投资；非金融类指境内投资者直接投向境外非金融企业的投资。

2. 2019 年非金融流量数据与商务部 2019 年快报数据（1106 亿美元）差异主要为收益再投资部分。

在党中央、国务院的领导下，我国对外投资规模不断扩大，涉外法律服务业发展迅速，涉外服务领域日益拓展。根据普华永道在 2020 年 2 月发布的《2019 年普华永道企业并购市场回顾与 2020 年展望》（以下简称 2019 年普华永道并购市场数据）显示，中国内地（大陆）企业涉外并购在 2016 年达到峰值，交易数量为 920 宗，交易额为 2021 亿美元；加上我国香港特别行政区在 2016 年的涉外投资总额 225 亿美元，涉外并购占到了中国企业并购交易额的 30.7%。2019 年，虽然涉外并购交易市场仍然活跃，中国内地企业涉外并购数量较 2018 年上涨了 6%，共计 667 宗，但受世界环境的影响，大宗跨境交易减少，交易额回落至 2015 年的水平，共计 573 亿美元。涉外并购交易市场活跃意味着对于涉外法律服务的大量需求，涉外律师在中国企业"走出去"的过程中发挥着重要作用。

根据普华永道在 2021 年 1 月发布的《2020 年中国企业并购市场回顾与前瞻》显示，中国内地企业涉外并购在 2020 年急剧下降，从 2019 年的 667 宗下降至 403 宗，交易金额从 580 亿美元下降至 420 亿美元，主要原因是疫情的肆虐以及世界形势对中国内地企业涉外并购行为的打压，涉外并购交易金额跌至自 2010 年以来最低值，并购交易数量跌至自 2015 年以来的最低值。

在简述我国对外投资情况和涉外并购市场后，本章将继续就涉外并购的法律基础要点，包括基本概念、特点、分类、流程及内容等作进一步的介绍和分析。

第一节 涉外并购的概念

涉外并购，又称跨境并购或跨国并购，是涉外投资活动中常见的一种形式。根据商务部在2014年发布的《境外投资管理办法》① 第二条之规定，本办法所称境外投资，是指在中华人民共和国境内依法设立的企业通过新设、并购及其他方式在境外拥有非金融企业或取得既有非金融企业所有权、控制权、经营管理权及其他权益的行为。“涉外并购”的“涉外”可以理解为在中华人民共和国境内依法设立的企业在境外的投资行为；“并购”是投资方式的一种，其目的在于取得既有非金融企业所有权、控制权、经营管理权及其他权益。

实际上，“并购”一词来自英文mergers and acquisitions②，兼并（merger），是指两家公司合二为一，可以是原有的两家公司合为一家公司，原有的两家公司不复存在，也可以是其中一家公司并入另一家公司，被兼并的公司不复存在。收购（acquisitions），分为股权收购及资产收购。股权收购（stock acquisitions），是指买方公司购买目标公司的股权，收购完成后买方公司成为目标公司的股东。资产收购（asset acquisitions），是指买方公司购入目标公司的资产，收购完成后买方公司获得资产的所有权，买方公司及目标公司仍然独立存续。

第二节 涉外并购的特点

涉外并购已成为中国企业涉外化的主要方式，随着形势的改变、政策的利

① 《境外投资管理办法》（商务部令2014年第3号）。
② 张伟华：《海外并购交易全程实务指南与案例评析》，中国法制出版社2016年版，第2~3页。

好、利益的驱动不断形成具有中国特色的涉外并购市场。

第一，从涉外并购的行业来看，中国企业在2019年开展的涉外并购涉及制造业、金融业、采矿业、房地产业、教育等行业大类。其中，制造业涉外并购共计投资142.7亿美元，金额占比41.6%，达到历史新高，排名首位，原因可能在于众多制造业发展的政策利好；2019年度中国对外直接投资统计公报，信息传输/软件和信息技术服务业72.5亿美元，金额占比21.2%，排名第二；电力/热力/燃气及水的生产和供应业45.4亿美元，金额占比13.3%，排名第三。而在房地产行业整合浪潮的推动下，地产并购交易金额连续3年下降，其他行业基本持平或下降。（见表2）

表2　2019年中国对外投资并购行业构成

行业类别	数量/起	金额/亿美元	金额占比/%
制造业	179	142.7	41.6
信息传输/软件和信息技术服务业	49	72.5	21.2
电力/热力/燃气及水的生产和供应业	31	45.4	13.3
金融业	8	18.0	5.3
租赁和商务服务业	33	14.3	4.2
科学研究和技术服务业	47	12.4	3.6
农/林/牧/渔业	18	11.0	3.2
采矿业	17	10.0	2.9
批发和零售业	48	8.7	2.5
交通运输/仓储和邮政业	11	2.8	0.8
文化/体育和娱乐业	7	1.6	0.5
房地产业	2	1.5	0.4
住宿和餐饮业	1	0.8	0.2
教育	5	0.6	0.2

续表

行业类别	数量/起	金额/亿美元	金额占比/%
其他行业	11	0.5	0.1
总计	467	342.8	100.0

第二，从涉外并购的地域来看，中国内地（大陆）企业在2019年对外投资并购涉及全球68个国家和地区，以投资金额看，对芬兰、德国、英属维尔京群岛、法国、巴西、我国香港特别行政区、开曼群岛、英国、秘鲁和新加坡的投资并购位列前十。[①] 但对欧洲的涉外并购交易金额明显缩水，如对德国的投资金额从2018年的110亿美元下降到65亿美元，对英国从2018年的45亿美元下降到14亿美元，原因可能在于当时正在进行的英国脱欧事宜，导致贸易不确定性增加，对欧洲并购市场产生明显影响。同时，随着"一带一路"的国家倡议的推进，中国企业对"一带一路"沿线国家的涉外并购活动仍然保持良好势头，2019年对"一带一路"沿线国家实施并购项目91起，并购金额29.4亿美元，占并购总额的8.6%。[②]

第三，从涉外并购的主体来看，民企仍然是最活跃的买家。根据2019年普华永道并购市场数据显示，2016年至2019年，民企的涉外并购交易额始终保持国企的1.5倍至2.5倍。2018年，中国内地（大陆）企业涉外并购交易额为903亿美元，其中，国企203亿美元占22.5%，民企490亿美元占54.3%，财务投资者210亿美元占23.2%；2019年，中国内地（大陆）企业涉外并购交易额为573亿美元，其中，国企161亿美元占28.1%，民企263亿美元占45.9%，财务投资者149亿美元占26.0%。

第四，从涉外并购的交易架构和程序来看，涉外并购普遍存在投资保护、税务筹划、杠杆利用、上市规划等不定因素，交易架构和交易程序都较为复杂，涉及一系列的特殊目的公司的设置以及行政审批或备案。并且，由于涉及多个国家或地区，交易文件的管辖及争议解决均可能涉及外国法或国际法，对于律师对交易风险的把控、交易文件的理解和处理、沟通和谈判的素质和能力都提出了较高的要求。

① 《2019年度中国对外直接投资统计公报》，中国商务出版社2020年版，第11页。

② 《2019年中国企业并购市场回顾与2020年展望》，载https：//www.pwccn.com/zh/services/deals-m-and-a/publications/ma-2019-review-and-2020-outlook.html，最后访问日期：2021年8月28日。

第三节

涉外并购的分类

确认以何种方式进行涉外并购，需要充分考虑交易目的、投资保护、税务筹划、风险评估、行政审批、交易难度等以及交易各方的意愿。

从并购买方公司的类型来看，涉外并购可以分为上市公司并购和非上市公司并购。公司类型的不同可能决定了保密条款的设计、信息披露的合规、交易制度的设置等。非上市公司并购可以进一步分为有限公司、股份公司、合伙企业等类型，但由于没有证券交易所的规定和管理，在交易程序和方式上均相对灵活。上市公司的并购相对更为复杂，因为不同的证券交易所对上市公司并购交易在信息披露、并购程序、交易定价、交易方式上存在不同的规定，因此对律师在参与此类并购案件的要求更高，应提前对时间安排、并购方式、合规性等问题上进行确认。

从并购方式来看，涉外并购可以分为兼并和收购，收购又可分为股权收购和资产收购。兼并是指两家公司合二为一，可以是原有的两家公司合为一家公司，原有的两家公司不复存在，也可以是其中一家公司并入另一家公司，被兼并的公司不复存在。股权收购是向拟收购目标公司的股东购买目标公司股权出资权利，可以以货币作为支付对价的方式，也可以以股权、实物资产、经营管理权作为对价，拟收购目标公司的股东作为出让方可直接取得股权转让对价。资产收购则是以支付有偿对价的方式直接取得目标公司资产所有权，通常是以货币或者资产交换作为支付对价的方式，拟收购目标公司的股东不能直接从资产出售行为中取得相应对价，即收购受益人与股权收购的受益人不同。实践中，股权收购的尽职调查范围相较资产收购要广泛很多，资产收购的尽职调查一般限于目标资产，但股权收购的尽职调查包括目标公司的方方面面。股权收购交易完成后，股东在其股权范围内承担目标公司的债务，但资产收购交易完成后，目标公司的原债务仍由目标公司承担。股权收购一般不会影响目标公司的合同权益，除非相关合同对所有权变更有具体规定，而资产收购中如果拟购买目标公司的合同权益，需要合同相对方的同意。当然，虽有诸多不同，但股权收购和资产收购并不是完全对立的，也可以根据项目情况在同一个并购项目中结合使用。

第四节 涉外并购的流程及内容

一般来说，涉外并购交易主要流程可以大致分为四个阶段，即并购准备阶段、交易谈判阶段、交易执行阶段、投后整合阶段。其中，每个阶段又可以细分为不同的环节，律师需要对每个环节识别相应的风险，为中国企业涉外并购目标的实现提供保障。（见图1）

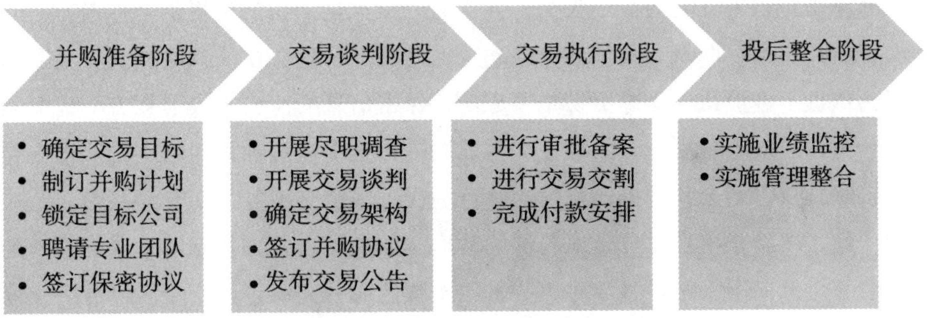

图1　涉外并购交易主要流程

一、并购准备阶段

在并购准备阶段，企业需要首先根据其发展策略明确并购目的，这也是企业涉外并购能否成功的重要前提。发展策略是根据企业的资金实力、内部环境、竞争优势、行业发展、国家政策等情况综合考量的，以确定并购是否有助于提升企业的核心竞争力。根据企业的不同，并购的目的多种多样，可能是目标公司的股权、特定资产、某种技术、客户资源、人力资源等。在明确并购目的后，根据并购目的审慎选择目标公司，以在并购完成后实现规模效应或者协同效应。通常来说，目标公司应与收购公司具备互补性或融合性，或者目标公司本身具有一定的发展潜力。互补性是在并购目的是弥补企业发展的不足时应考量的重要因素，也就是说，考量点在于目标公司能否在资源、技术、品牌、业务等方面跟收购企业形成互补、提供支持；融合性在于选择目标公司时应考虑收购完成后的整合难易程度，如企业文化的整合，所以应在确定目标公司前进行全面的调查和考量，以确保实现交易目的；发展潜力是对行业发展和未来前景的预期，如目标公司能否在并购完成后进一步推动上市，这可能是是否实施并购的重要因素。

由于涉外并购的交易架构和交易程序都较为复杂，并且涉及世界各地的文化传统、商业习惯和法律环境，在确定并购的初步意向后，交易各方均需要组建各自的并购团队。一般来说，除了公司的内部团队外，还需要视情况聘请专业的外部顾问团队，包括但不限于投行团队、律师团队、审计团队、税务筹划团队、工商代办服务团队、公关公司等。最初的交易流程主要是通过竞价和双边谈判开始。竞价一般是目标公司作为卖方来主导，邀请潜在买方进行报价。无论以何种方式开始，在双方的团队初步接洽后，会展开双边谈判。一般情况下，双方首先会签署保密协议，其目的在于为交易各方进一步推进交易流程提供合作基础，也为卖方所提供的尽职调查文件和信息确定保密义务，确保在谈判时从对方处获取的保密信息不会泄露。无论交易是否成功，保密信息的泄露都会对双方，尤其是目标公司，造成不利影响。如果在交易前期一方希望进行独家谈判，排除潜在第三方接触，双方则会签署排他协议。其目的在于锁定交易各方在交易接洽过程中的唯一性，以防止出现卖方坐地起价的情形。如果交易各方在初期达成合意，通常也会签订意向书来记录各方对一些基本条款达成的共识，便于今后以此将交易继续推进。当然，如果交易一方为上市公司，为了避免风险，则会选择直接签订正式的协议，因为根据监管要求，上市公司是有信息披露义务的。尤其是2021年5月1日起施行的修改后的《上市公司信息披露管理办法》（中国证券监督管理委员会令第182号），落实了现行《证券法》的相关要求，完善信息披露制度，补充了上市公司监管措施类型，细化了临时报告要求，提高了信息披露违法成本等。

二、交易谈判阶段

在签订保密协议后，买方的律师团队和审计团队会开始进行法律和财务的尽职调查。尽职调查过程会贯穿于整个交易过程，直到最后的成交结束。法律尽职调查是通过专业的律师团队，对目标公司的历史沿革、股权结构、出资情况、资产情况、债权债务、重大合同、关联交易、涉诉情况等进行调查、梳理、分析，并形成书面的调查报告，以增加买方对目标公司的了解，减少信息的不对称，把控交易风险。根据不同交易情况，有时目标公司也会对收购方展开尽职调查，如收购方是以部分资产或者股权作为交易价款，那么对其进行尽职调查是很有必要的。法律尽职调查的方式不仅包括书面文件的审阅，还包括实地考察、管理层访谈等。同样，财务尽职调查是对目标公司的历史沿革、财务数据、纳税情况、薪酬政策进行调查和报告，以确定目标公司的财务报表是否属实，为交易定价提供参考依据，并设计税务筹划方案和设置保护条款。交易定价是在目标公司财务报表的基础上采用适当的评估方法确定的双方都接受的价格，因此要求尽职调查对于所取得的材料和信息进行全面了解，再在综合分析的基础上选用合适的估值方式进行价格确认。除去法律尽职调查和财务尽职调查，还需要对目标公司进行商务尽职调查，其目的是看清楚商业前景和未来发展趋势，为交易完成后的整合方案打下基础。有关涉外并购尽职调查的具体内容本书将在第三章进行详细探讨。

在交易谈判前，买方应根据初步调查结果设计并购方案。在交易谈判时，交易各方通过沟通谈判确定商务条款的内容，包括交易价格、款项支付、行政审批、后续整合等达成一致意见。根据尽职调查的结果，交易各方还需要进一步确认收购条款的设置，包括是否根据尽职调查的结果设置陈述与保证条款或者保障机制、是否在并购协议中设置价款调整机制、是否因重大不利事件设置拒绝交割的条件、是否设置退出机制、是否设置违约索赔的条款等。

涉外并购交易中的税务筹划是需要重点关注的问题。税务筹划问题不仅是成本控制的问题，更可能决定交割完成后并购目的能否实现。如税务遗留问题未妥善处理，或者税务筹划不够专业有效，可能造成未来拆除涉外架构时的巨额税负。有效的税务筹划涉及多层涉外特殊目的公司（special purpose vehicle，以下简称 SPV）的设立、并购价款的支付结构、并购完成后的转移支付等。由于各国政府对于避税方式的严格控制和不时更新的税收政策，在涉外并购交易中聘请财税顾问的参与尤为必要。

经过多轮谈判后，双方在对协议条款达成一致后签订并购协议，并根据协议条款和税务筹划提出最优的交易结构和支付结构。并购协议签订后，双方进入交易过渡期。若交易涉及上市公司股权的，还应按照证券交易所的相关规则对上市公司权益及变动情况进行充分披露。

三、交易执行阶段

交易过渡期，是指签订并购协议后到完成交割之间的期间。进入交易过渡期后，交易各方按照并购协议的约定准备并完成交割条件，包括但不限于取得各自的董事会和股东会决议、取得相关的政府审批或备案、取得相关第三方的同意等。除此之外，交易过渡期的风险把控还应考虑有无重大不利事件的发生，如发生了重大不利事件，卖方是否可以按照合同约定拒绝交割并退出交易。

取得相关的政府审批或备案是交割顺利完成的关键因素之一。涉外并购项目中常见的政府审批或备案包括：商务部门和发改部门的境外投资审批或备案、外汇管理登记、反垄断审查、国家安全审查等程序。虽然交易各方通常是在签订并购协议后开始进行审批或备案的申请，但由于我国外汇管制的加强和各国反垄断法规定的差异，为确保交易的顺利进行，对于国有企业资金出境或者超过3亿美元的大额涉外投资可能在协商谈判的同时推进审批或备案的手续，或者在签订意向协议后聘请反垄断和国家安全审查领域的律师介入审查，以便及时应对审批机关提出的交易问题，确保审查的顺利通过。

在满足交割条件且在交易过渡期未发生约定的重大不利事件后，双方可按照协议约定进行交易交割程序。在交割日，买方按照并购协议的约定向卖方支付交易对价，卖方按照约定向买方转让收购标的，并向买方提交证明股权或资产转让至买方的证明文件。根据交易的具体情况，有的项目会在交割时保留部分交易价款，存入双方共同指定的托管账户，其目的在于，若买方在交割完成后发现卖方存在违约情形的，如有违陈述和保证条款的，买方可直接按照协议约定从托管账户中扣划违约金或损失赔偿；若不存在违约情形的或者托管期限届满的，托管账户内的全部或剩余款项会支付给卖方。至此，双方交易基本完成。

四、投后整合阶段

交割完成并不意味着涉外并购交易已经结束。对于买方来说，风险把控的最后一关是投后整合阶段的业绩监控和管理整合。在取得股权或资产后，买方会进一步了解公司或资产的真实情况，应结合双方的文化背景、交易习惯、商业逻辑、管理架构等制定整合管理计划，实现互补或融合，以达到准备阶段确定的并购目的。

第二章 意向协议及保密协议审查

涉外并购项目的初期，律师的基础工作之一是审查意向协议及保密协议。意向协议是双方合作的基础，内容通常包括交易的基本条件与条款，在并购项目中可能表现为 non-binding offer（无约束力的意向书）、letter of intent（意向书）、memorandum of understanding（备忘录）或者 term sheet（条款清单）。通常来说，除明确约定有约束力的条款外，意向协议的条款对各方并不具备法律约束力，其他条款只表明了目前各方对拟进行的交易有关的重大问题的意向，各方之间有法律约束力的协议仍有赖于最终签订的并购协议。但意向协议可用于申请政府审批、银行融资，在达成关于交易的基本原则的合意后也可作为交易继续进行的框架。意向协议的内容通常包括交易主体、标的范围、投资金额、费用支出、保密义务、管辖法律、争议解决等条款，其中就保密义务、管辖法律和争议解决的条款会约定为具备法律约束力。另外，一般建议尽可能在意向协议中列明交易未决条款或实质性具体条款，其原因在于，列明的条款可能不具备法律约束力，但在意向协议达成一致后再要求修改的，可以成为列明方后续谈判的筹码。

保密协议是各方在并购过程中因资料或信息的披露或接收而签订的协议，在英文中常表述为 confidentiality agreement（保密协议）或者 non-disclosure agreement（不披露协议），其地位极其重要。保密协议不能简单认定为一个标准格式的合同，保密协议应当根据协议主体的实际情况、所处的行业、交易的类型等进行拟定。何种信息应当认定为保密信息？为了确保保密条款的效力，保密信息可以采用概括式的约定，如除明确约定不属于保密信息以外的一切信息，如果有更为明确的指向性，也可以采用列举式的约定。同时，也可以约定披露的范围，如目标公司现有股东、目标公司及其现有股东的关联方及前述各方的董事、高管、员工、顾问、代理、融资方、投资人，各投资方及其专业顾问。本章将以意向协议和保密协议的审查要点、审查程序和条款示例进行进一步的说明。

第一节

意向协议及保密协议的审查要点

一、意向协议的审查要点

整体说来，意向协议首先应注意明确哪些条款有约束力，其次要注意明确成交的先决条件以及基本条款，如果涉及附属文件应在意向协议中提及。

意向协议应审查以下事项：

1. 交易方式

在签订意向协议前，双方应对并购方式进行确认，是采用股权并购还是资产并购，股权并购又分为是选择转让老股还是增发新股。在选择交易方式前，应充分评估每一种并购方式的利弊，结合目标公司的潜在风险和税务筹划综合考虑。交易方式也就决定了协议的签订主体。

【条款示例】

投资人拟根据本意向协议的约定以人民币________元的价格认缴公司新增注册资本人民币________元，取得公司在本次投资交割后共________%的股权。投资款超过新增注册资本部分的人民币________元计入公司的资本公积。投资人本次认购的注册资本应具有本意向书规定之权利。

2. 签订主体

选择资产并购或者增发新股的，意向协议的主要签订方是并购方和目标公司；选择老股转让的，意向协议的主要签订方是并购方和目标公司的股东。除此之外，由于意向协议涉及各方对交易重大问题的意向，应考虑是否将条款约定的义务相对方或可追偿的实体纳入签订主体，包括特殊目的公司、其他第三方中介公司等。

3. 价格条款

各方可以在意向协议中对初步定价或者定价机制进行约定，需要结合标的情况和双方对于收购的预期而确定。价格方面必要容易忽视的问题有两个：一是对货币的表述，如各方确认以美元进行交易，可以表述为"……人民币（或与其等值的美元）"或者"……美元（或与其等值的人民币）"，在签订意向协议时两种表述是同样的价值，但随着货币价值和汇率的变化，两种表述将导致交割时实际支付金额的变化，在人民币升值的状态下，约定为"……美元（或与其等值的人民币）"对买方更为有利。二是税收问题，并购交易所产生的税费应纳入价格条款，如会产生哪些税收、双方如何承担等，此类问题建议在签订协议前充分咨询专业的税务筹划团队。

4. 尽职调查条款

尽职调查条款是意向协议中常见的条款，就双方进一步开展的法律和财务尽职调查的原则和标准进行明确约定，包括尽职调查的期限、卖方协助配合的义务、尽职调查结果对交易的影响等。

【条款示例】

自本意向协议生效之日起，公司和股东应尽最大努力协助投资人及/或其指定的第三方机构为本次交易而进行的法律、财务和商业尽职调查，并且将真实、完整地按实际情况和投资人的合理要求披露相关文件和信息。

5. 排他（exclusivity）条款

排他条款是要求一方或者双方在一定期限内不得与出对方以外的第三方接触、谈判的约定，原因在于买方投入了大量的时间和资源在潜在交易上，锁定独家谈判权，让双方进行谈判时尽到合理努力进行谈判。标准的排他条款包括排他期限（通常是1~3个月）、受到排他限制的主体范围、违反排他条款的违约责任等。部分卖方会要求买方支付一定数额的排他费用，该笔费用可以抵扣交易价款，但若未达成交易的，该款项不予返还。

【条款示例】

各方同意，自本意向协议生效之日起________天内（以下简称排他期），未经投资人事先书面同意，公司、股东或其任何关联方、高级职员、董事或代表均不得招揽、发起、鼓励或接受任何主体提出的任何下列提议或要约：（1）对公司进行任何投资；（2）对公司的股权或资产的全部或任何部分的任何收购；（3）对公司或其业务进行兼并、合并或其他形式的业务合并；或（4）涉及公司或以其他方式与公司相关的资本重组、资产重组或其他非正常业务交易；或就上述事宜参与任何讨论、谈判以及其他形式的交流，或向其他主体提供与上述事宜有关的信息，或以任何方式配合、协助或参与、促进或鼓励任何其他主体试图进行上述事宜的努力或尝试（上述涉及公司的投资、收购、重组或任何交易也适用于公司的子公司或关联公司的投资、收购、重组或任何交易）。只要前述协商仍在善意进行中，除非一方在期限届满时以书面通知另一方终止排他期，排他期应自动延长________个月。

6. 法律约束力

意向协议通常是不具有法律约束力的，是双方对于交易确定性和意愿的体现，只表明各方对部分重大问题的意向，如定价、交易方式、支付方式等。除非条款明确约定了具有法律约束力，如保密义务、排他条款、费用支出、管辖法律和争议解决等，选择性地约定具有法律约束力是为了保障交易的稳定性和安全性，促使各方善意进行交易。

【条款示例】

本意向协议仅为各方就交易达成的意向，除“保密条款”、“排他条款”、“费用支出”、“法律管辖”、“尽职调查”和“争议解决”条款之外，本意向书不构成具有法律约束力的协议。本意向书项下交易的具体条款以投资人与公司之间签订的最终法律文件为准。

7. 管辖法律及争议解决

管辖法律及争议解决通常是中外各方谈判的重点之一，在各方对于管辖法律、管辖地无法达成一致的情况下，比较理想的方案是折中选择各方都同意的中立地，如我国香港特别行政区、新加坡等。相较而言，若发生法律纠纷，我国香港特别行政区相对于涉外其他地方距离相对较近且更为熟悉，对于外方而言，我国香港特别行政区在涉外纠纷的认同度较高，因此管辖法可以约定为英国法或香港法，争议解决可以争取在香港国际仲裁中心仲裁。

【条款示例】

凡因本投资条款书所引起的或与之相关的任何争议、纠纷、分歧或索赔，或因本投资条款书引起的或与之相关的任何非合同性争议，均应提供香港国际仲裁中心管理的机构仲裁，并按照提交仲裁通知时有效的《香港国际仲裁中心机构仲裁规则》最终解决。仲裁地应为香港。仲裁程序应按照中文来进行。

二、保密协议的审查要点

除前述已在意向协议中提及的审查要点之外，保密协议还应审查以下事项：

1. 保密信息

保密信息的定义除信息范围之外，还应包括正在发生的与投资和谈判过程相关的事实和状态。对于保密协议的约定，可以分为三种描述方式：一是概括性明确保密信息的范围；二是列举性明确属于保密信息的范围；三是明确不属于保密信息的范围。当然，这三种方式也可以结合使用。

【条款示例】

（1）本协议项下的“保密信息”是指不为公众所知悉、能为权利人带来经济利益、具有实用性并经权利人采取保密措施的一切信息，包括但不仅限于图纸、电子数据、客户信息、货源信息、合同、价格、成本、经营策略等双方在洽谈、签订、履行合同过程中相互披露的与合作项目相关的内容信息。

（2）本协议项下的“保密信息”是指具备以下条件的信息：（a）如保密信息以书面形式披露的，信息披露方应在披露时标明有“内部数据”、“严格保密”、“专有信息”、“保密”或其他同等标识；（b）如保密信息以书面形式之外的其他形式披露的，信息披露方应在该等信息被披露后7个工作日内，以书面形式向信息接收方出具该等信息为保密信息的声明。

（3）本协议项下的“保密信息”不包括以下信息：（a）披露时已公开之信息；（b）非因信息接收方的原因为第三人知悉且该第三人不负保密义务之信息；（c）披露时为秘密信息，但披露后非因信息接收方的原因而被公开之信息；（d）披露时已为信息接收方所知悉，且信息接收方不负有保密义务的信息；（e）法院或其他司法、行政、立法机构或证券交易所强行要求披露的信息，但信息接收方应在收到披露要求后立即书面通知信息披露方；（f）由信息接收方独立开发的信息；（g）根据双方的事先合意，发布、公开的信息；（h）由信息接收方从第三方合法获得的，且信息接收方并未由此而承担保密义务的信息。

2. 保密义务

对于保密义务的约定可以是单向或双向。单向保密协议指的是披露方仅向接收方披露信息，接收方仅接收披露方所披露的信息。通常在卖方提供内部文件和信息前会确保买方签订了保密协议，以保护自身的商业秘密，此类协议可能是单向的。双向保密协议指的是双方当事人互相向对方披露信息，互相接收来自披露方所披露的信息。在选择约定单向还是双向时，需要结合己方的身份和立场综合考量，若代表买方，则应要求约定为双向义务，以防止卖方向其他买方透露交易情况，出现坐地起价的情形。

3. 保密期限

保密期限是保密责任承担的时限。通常是约定1~2年的年限，自接收方收到信息披露方披露的信息之日起，或者自保密协议生效之日起开始计算。也可以约定为保密期限至保密信息被依法公开披露或者成为公开信息时止，但通常买方会认为此类的约定导致保密义务过重而提出修改意见。

【条款示例】

（1）本协议项下的保密期限为：自接收保密信息起至____年____月____日止。

（2）本协议项下的保密期限为：自接收保密信息起满____年时止。

（3）本协议项下的保密期限为：自接收保密信息起永久保密，除非该保密信息已经被合法地成为公开信息。

4. Standstill 条款（停止条款）

在信息披露方是上市公司的情况下，Standstill 条款是需要特别考虑的。该条款是对信息接收方购买信息披露方股票或者资产行为的限制。若保密协议中未约定 Standstill 条款的，那么潜在买方可能通过保密信息了解到上市公司的具体动向，从而利用这些信息对上市公司的股票进行恶意收购，造成重大不利影响。对于信息披露方而言，可以约定为买方不应当在交易过程中收购目标公司的任何股票，信息接收方而言可以争取将收购目标公司 5% 以下股票的市场行为作为例外情形约定。Standstill 条款的限制期限与保密期限不同，通常为 6 ~ 24 个月，或在卖方与其他第三方达成交易时条款终止。

5. 转让条款

从信息披露方的角度，信息接收方基于保密协议取得的信息仅为项目目的使用保密信息，不构成向信息接收方转让、授予或许可保密信息的任何权利。从信息接收方的角度，需要尽可能争取的是向关联公司转让前述信息的权利，或者在约定信息接收方承担信息泄露的连带责任的情况下，有权向第三方转让信息。

【条款示例】

双方承认并同意，除提供方以书面形式明确同意外，提供方向接收方披露的保密信息属于提供方所有，提供方向接收方披露保密信息并不构成提供方向接收方转让、许可、允许或授予接收方享有对提供方的商标、专利、技术秘密或其他知识产权的任何权益。

6. 救济方式

对于违反保密协议的救济，一是可以在协议中约定违约金或者损害赔偿，若约定损害赔偿的，需要考虑的是损失是否包括直接损失和间接损失；二是可以在协议中约定申请禁令的权利，此种情况下，应当明确在何种情形或者何种违约程度下可以申请禁令。在同时约定了违约金和申请禁令的救济权利时，申请禁令可能不会被支持。

第二节

意向协议及保密协议的审查程序

协议的审查程序应当按照条款顺序，结合自身立场和审查要点进行审查，为便于表述，本节采用列表的形式将部分审查要点进行阐述。

一、意向协议的审查流程

关于意向协议的审查流程。(见表3)

表3 意向协议的审查流程

考虑事项	被收购方	投资人
交易方式	结合潜在风险和税务筹划确认对己方有利的交易方式	结合潜在风险和税务筹划确认对己方有利的交易方式
签订主体	根据交易方式确定	根据交易方式确定
价格条款	确定对己方有利的定价机制和汇率选择	确定对己方有利的定价机制和汇率选择
尽职调查条款	限制条款，期限尽可能短、义务尽可能小	保护条款，调查尽可能全面、期限尽可能长、被收购方义务尽可能多
排他条款	限制条款	保护条款
法律约束力	尽可能保证己方保护条款具有法律约束力	尽可能保证己方保护条款具有法律约束力
救济方式	违约金、损害赔偿、禁令、实际履行等	违约金或损害赔偿
管辖法律及争议解决	可同意中立国法仲裁或诉讼	可同意中立国法仲裁或诉讼

二、保密协议的审查流程

关于保密协议的审查流程。（见表4）

表4 保密协议的审查流程

考虑事项	信息披露方	信息接收方
签订主体	根据交易方式确定，尽可能涵盖接收信息的多层主体	根据交易方式确定
保密信息	信息定义的范围尽可能广，但使用范围尽可能窄	尽可能明确、限制信息定义的范围，但目的和使用范围尽可能广
保密义务	尽可能保护保密信息	尽可能确保权利义务对等
保密期限	尽可能长，并涵盖己方对第三方的保密义务	尽可能短
Standstill 条款	保护条款	限制条款
转让条款	保护条款	限制条款
救济方式	违约金、损害赔偿、禁令、实际履行等	违约金或损害赔偿
损失范围	保护条款，尽可能包括直接损失和间接损失	限制条款，尽可能排除间接损失
管辖法律及争议解决	可同意中立国法仲裁或诉讼	可同意中立国法仲裁或诉讼

第三节

意向协议及保密协议范本

以下意向协议及保密协议范本仅供参考。

一、条款清单（Term Sheet）范本

关于条款清单范本。（见表5）

表5 Term Sheet（Simple Version Template）

Offering Terms	
Company	
Investor	
Founders	
Investment Amount	US $
Investment Structure	
Valuation	
Due Diligence	The Company and the Founders shall assist the Investor in conducting business, finance and legal due diligence on the Company, and provide reasonable access to all documents, records, facilities and management team of the Company. The Company and the Founders agree that, the Investor shall be allowed to conduct detailed due diligence on the Company
Confidentiality	The terms and conditions described in this Term Sheet, including its existence shall be confidential information and shall not be disclosed to any third party, unless required by applicable law. If any party hereto determines that he is required by law to disclose information regarding this Term Sheet or to file this Term Sheet with any relevant securities exchange, regulatory authority or governmental agency, he shall, at a reasonable time before making any such disclosure or filing, inform the other parties regarding such disclosure or filing and, to the extent possible, seek confidential treatment for such portions of the disclosure or filing as may be requested by the other parties. Notwithstanding the foregoing, the Investor may share the terms and conditions of this Term Sheet with its affiliates, shareholders, investors and advisors, as well as any other person if so required for fund reporting purpose

续表

Expenses	Each party bears its own expenses related to this project, including but not limited to taxes, travel expenses, attorney's fees, accountant's fees, other professionals' fees and due diligence expenses
Governing Law	This Term Sheet shall be governed by the laws of Hong Kong
Dispute Resolution	Any dispute arising from or in connection with this Term Sheet shall be settled by arbitration at Hong Kong International Arbitration Centre in accordance with its then effective arbitration rules
Language	The definitive agreements shall be made in English
Sign Date	
[For and on Behalf of the Company] [For and on Behalf of the Investor]	

二、保密协议范本

关于保密协议范本。(见表6)

表6 保密协议(范本)

本保密协议由________(以下简称“披露方”)与________(以下简称“接受方”)于________年________月________日制定并签署。 鉴于披露方将在就该公司的介绍、讨论和评估过程中向接受方披露或者使接受方知悉某些保密或者专有资料,并且接受方同意并且理解其在商谈交易的过程中可能获得某些与披露方业务有关的保密资料,为保护此类保密资料的机密性,双方兹就如下事项达成一致: 1. 本协议中使用的“保密资料”指凡是由披露方向接受方提供的一切资料、信息、文件以及样本(无论传达形式为何,也无论该资料或信息系于本协议签订之前或之后提供),以及接受方及其代表基于该信息编制的全部或部分分析、汇编、数据、研究、笔记、翻译、备忘录或其他档案,在本协议中全部定义为“保密资料”。

续表

2. 接受方及其代表和关联机构须以严格保密方式对待保密资料，保密资料仅能用于预期交易的评估目的，不得将其用于其他任何目的。接受方同意保持所有保密资料的保密性，且除上文规定的特定目的之外，不会以任何方式对其进行使用。本协议中使用的“代表”须包括接受方的董事、主管、官员、员工、审计员、律师、保险公司、顾问及其他代表，以及分支机构和此类分支机构相应的董事、主管、官员、员工、审计员、律师、保险公司、顾问及其他代表。

3. 披露方提供的保密资料须为披露方的并且始终为披露方的独有财产。如接受方或其任何代表被要求（通过口头询问、质询、索取资料或者文件、传讯、民事调查传讯或者类似手续）披露任何保密资料，则接受方同意，（1）在法律允许且合理可行的限度内，及时书面通报披露方，（2）与披露方就采取抵制措施或限缩要求的可取性进行合理协商，以及（3）在商业合理的限度内，配合披露方对必须披露的信息的指定部分进行保密处理。

4. 无论本协议中有何相反规定，协议双方均理解并且同意，接受方根据本协议所承担的不得披露义务不适用于符合以下规定的任何保密资料：（1）在披露时已为公众所知；（2）在披露后非因本协议接受方或其任何代表的过错，而通过出版物或者其他方式而为公众所知；（3）在披露时，接受方或其任何代表已经掌握，而且，据接受方所知，其非直接或间接从披露方处获得；（4）第三方已经或者目前或者在此之后告知接受方或者使接受方知悉且对披露无任何限制；（5）法律、法律手续、任何政府或者其他管理机构或者任何股票交易所要求接受方或其任何代表进行披露。

5. 披露方向接受方保证并声明其已获得该公司或有关的第三方授权根据本协议的规定向接受方披露保密信息，且此等披露不侵犯该公司或任何第三方的任何权利。就因披露方违反本第五条的保证和声明而使接受方及其关联公司遭受任何损失、发生任何费用和/或提出任何索赔或被索赔，披露方应向接受方和关联公司全额偿付。除前述保证和声明之外，协议双方了解，披露方未就其向本协议接受方披露的或者使其知悉的任何资料的准确性或者完备性做出任何事实陈述或者承诺。

6. 本协议任何内容均不得被解释为对接受方施加任何任务或者义务；也不得被解释为接受方在进行与该公司有关的投资意向方面的任何事实陈述的某种表述；更不得被解释为对该公司进行投资或类似承诺。

7. 一旦经披露方书面要求，接受方应及时销毁其所掌握之全部书面资料，且不得全部或部分保留此等资料或信息之任何副本、摘要或其他电子复制文件。

8. 本协议任一方承认并同意，对于违反本协议任何条款之行为，除金钱赔偿外，守约方还可以就任何违约行为获得特定履行、禁制令或其他救济方式。双方同意，违约方应就违反本协议而对守约方产生的一切责任、费用、开支、损失、损害和索赔进行赔偿。

续表

9. 本协议的有效性、履行、解释以及效力受________法律约束。因解释和履行本协议而发生的任何争议，双方应协商解决，协商不能的，任何一方均有权将有关争议提交给________仲裁委员会，由该会按照其届时有效的仲裁规则仲裁解决。仲裁应在进行，使用之语言为________。 10. 本协议将于披露方与接受方另行签订包含本协议所述的不得披露条款的进一步协议之日自动终止。除非根据上述规定提前终止，否则本协议规定的所有义务均于本协议签署两年后终止。 （以下无正文，为本协议签章页） （公司）　　　　　　　　　　　（公司） ________________________　　________________________ 签署人：　　　　　　　　　　　签署人： 职位：　　　　　　　　　　　　职位：

第三章 尽职调查

第一节 涉外并购尽职调查概述

本书在前言中例举了中国企业暴风科技收购 MPS 以投资失败告终的案例，反思其“爆雷”的原因，暴风科技在涉外并购尽职调查阶段是否对投资风险进行全面、准确的了解和评估成为其最后投资失败的重要疑点之一。虽然涉外并购的目的是实现企业的全球化经营战略，为了追求企业经营中的最大“价值”，但这只是涉外并购的关键点之一，因为正如一个硬币的两面，涉外并购的另一个关键点则是“风险”。

在中国企业走出去的浪潮中，虽然有很多成功的案例，但是投资失败的教训也不胜枚举，因为中国企业进行涉外并购相较于境内并购涉及至少在两个不同国家或地区的交易双方，由于不同国家或地区间的政治环境、文化传统、商业习惯、法律环境等差异巨大，导致中国企业在走出去的过程中，必须考虑因跨境而带来的特殊风险，其中较典型的风险包括政治风险、投资制度法律风险、知识产权法律风险等。风险意味着不确定性，要解决不确定性的问题，就需要进行风险控制，然而在风险控制前更为重要的是风险“识别”，本章要讨论的“尽职调查”即风险“识别”的有效手段和必要前提，涉外并购交易是否能获得最终成功，关键之处就在于尽职调查是否全面、精准、彻底。

尽职调查（due diligence，DD），亦称审慎调查，是指在收购过程中收购者（买方）对目标公司各方面情况的详细及谨慎调查，以评估目标公司的价值和风险。尽职调查最早源于美国《1933年证券法》第11条及第12条对证券经纪商和交易商尽职抗辩（due diligence defence）的规定。但尽职调查不仅适用于证券业务，也适用于投融资、并购交易等其他商业交易，这是因为尽职调查背后的理论是在决策者进行决策前，这类调查可以帮助决策者对交易的成本、利益及风险有更多系统化的相关资讯，以便在知情的基础上进行风险和价值评估，从而更好地作出决策。

涉外并购尽职调查通常包括财务、税务、法律等方面。财务尽职调查用于评估目标公司的资产、负债、现金流、利润等财务情况，税务尽职调查用于评估税务风险。涉外并购法律尽职调查与境内并购尽职调查相比，除了用于评估目标公司主体资格、业务、资产等一般重大事项之外，还需要额外关注投资东道国有关环境、劳动、知识产权、国家安全审查方面的法律风险，并进行全面审慎的尽职调查。

法律尽职调查是涉外并购交易尽职调查中至关重要的板块。因为，在涉外并购所涉风险中，法律风险占据重要地位。对于涉外并购项目而言，投资者是在投资东道国开展业务，但由于投资东道国的法律体系、法律制度、司法习惯、法律环境与中国的差别较大，在境内并购中可能很少涉及某些方面的尽职调查内容，如环境法律风险、劳动法律风险、知识产权法律风险及国家安全审查的法律风险等，而这些风险往往系需要涉外并购投资人在投资前期就进行调研和尽职调查的核心内容，否则，可能会因此产生额外的并购交易成本，甚至导致并购交易失败。因此，做好法律尽职调查是发现并识别涉外并购风险，从而控制和规避交易风险的重要手段和必要前提。

一、涉外并购法律尽职调查的概念

本书所指的法律尽职调查是指从法律角度对目标公司以下各方面进行分析和判断，包括目标公司的基本情况、历史沿革、业务资质、重大债权债务、重大合同、主要资产、劳动与雇员、环境保护、行政处罚/诉讼及仲裁、政府审批及第三方同意等；以及对投资东道国的环境法律、劳动法律、知识产权法律及国家安全审查规定等进行分析和判断。

由于每个并购交易的实际情况不同，每个并购交易所需要的法律尽职调查的类型、重点、范围、深度均有所不同。例如，进行股权交易和进行资产交易的尽职调查侧重点就不同，以股权收购为目的的并购交易更重视目标公司全方位的信息，而以资产收购为目的的并购交易则侧重于目标公司被收购资产的信息。因此，律师应根据并购交易具体情况确定法律尽职调查的目的、重点及工作范围。

二、法律尽职调查的分类

根据涉外并购交易具体情况的不同，法律尽职调查的形式各有不同，在实务中，主要存在以下几种分类。

1. 按照交易主体的不同，以收购方委托律师事务所进行还是卖方自行委托律师事务所进行，可以分为收购方尽职调查和卖方尽职调查。本书主要以收购方为视角，以收购方委托律师事务所进行尽职调查进行分析。

2. 按照尽职调查形式的不同，可为分为虚拟资料室（virtual data room）进行尽职调查和实地走访进行尽职调查。

3. 按照进行程度的不同，可分为初步尽职调查和确认性尽职调查。此种分类通常在并购交易分为两个阶段时采用，第一阶段卖方提供有限资料，潜在买家提供提示性报价，第二阶段在买卖双方达成进一步确定性购买意向的基础上，潜在买家可在一定限度内作确认性尽职调查。

三、法律尽职调查的特点

法律尽职调查作为一项专业服务，具有如下特点：

1. 尽职调查时间的紧迫性

通常情况下，收购方会要求律师团队在一周或两周时间之内完成尽职调查并出具尽职调查报告。因为，一方面，在瞬息万变的商业世界中，交易双方都会担心交易信息的泄露从而增加与其他方进行竞争的可能性，从而影响交易双方谈判的价码和条件；另一方面，尽职调查的时间越充裕，留给尽职调查团队发现目标公司相关风险的概率就越高，目标公司可能暴露的问题就越多，从而影响目标公司在交易中的谈判筹码。实务中，收购方会给予各尽职调查团队一份时间推进表以保证尽职调查工作在计划的期限内完成。根据收购方的不同要求，有些收购方会要求尽职调查中介机构进行每日或每周尽职调查进度汇报，内容包括尽职调查过程中发现的重大问题、难点问题以及第二天的尽职调查工作安排。

2. 尽职调查内容及范围的有限性

由于尽职调查时间的紧迫性，在短时间内对目标公司进行360度全方位的尽职调查几乎无法完成，而且考虑到目标公司对尽职调查的防备心，一般不会百分之百按照尽职调查团队的要求提供所有资料和披露相关信息，尽职调查内容及范围的广度和深度常常是有限的。因此，在考虑相关限制因素的前提下，尽调团队应结合并购交易的目的及具体情况，确定合理的尽职调查内容和范围，尽可能多的获得对并购交易可能产生重大影响的目标公司相关信息及致命风险。

3. 尽职调查的时效性

尽职调查的内容具有时效性。目标公司的业务不可能因为尽职调查而停止，加之商业世界变幻莫测的市场信息，目标公司的情况随时可能发生变化。因此，尽职调查报告反映的内容仅是报告出具日前目标公司的情况，但是从尽职调查完成到交易完成，中间通常会有一段时间的过渡期，在过渡期内，目标公司可能发生重大变化。收购方应随时关注目标公司可能发生的重大变化，及时分析并评估该重大变化对目标公司以及并购交易所带来的交易风险、价格、条件等的影响，并及时作出调整。

四、法律尽职调查的目的

尽职调查的目的在于帮助收购方尽可能全面地了解目标公司准确、真实的信息，从而发现并识别并购交易的风险，进而评估和确认目标公司的价值，在一定程度上减少交易双方信息不对称的差距，尽可能实现交易双方在同一信息层面的交易谈判，最终实现交易双方的利益最大化。

法律尽职调查的目的是发现和识别风险，就是要判断目标公司是否存在影响交易不能进行的严重法律风险，即Deal Breaker。识别风险是在发现风险基础上对风险性质的进一步判断。在涉外并购交易的尽职调查过程中，收购方常常最关注的是并购交易是否存在潜在的Deal Breaker，也就是需要识别法律风险的性质是否已经达到足以“杀死”交易的程度。[①]

法律尽职调查的目的是评价和量化风险，从而确认目标公司的价值及并购交易的对价。在识别法律风险的性质后，需要评价和量化风险，如何评价和量化风险是比识别风险更难的问题。对于大多数潜在交易来说，一般不会存在影响交易的致命风险，大多数的风险介于0到致命风险之间。对这些非致命的风险做评价和量化是买卖双方据以讨价还价的依据，是影响并购交易的价格的关键。尽职调查律师团队应该尽量从经济的角度对有可能引发价值变动的法律风险进行量化，并根据具体情况在交易协议中设计相应的条款以规避潜在风险。

五、法律尽职调查的原则

法律尽职调查是律师接受客户的委托开展的专业服务，在从事尽职调查的过程中，应当遵循以下原则：

1. 独立性原则

法律尽职调查应当独立作出，虽然律师受收购方的委托并代表收购方进行法律尽职调查，但是尽调律师团队并不从属于收购方，其地位是独立的；尽调律师团队应针对尽职调查收集的信息进行独立法律分析，并发表客观独立的法律意见，不应受收购方、目标公司及任何其他第三方意见的左右。实务中，尽调律师团队常常会遇到在履行勤勉尽职的审慎调查义务后仍无法发表确定性意见的情况，根据独立性原则，律师团队应发表独立的保留意见，并就该情况可能会对交易产生的影响做独立法律分析。

2. 合理审慎原则

合理审慎原则要求律师团队在开展尽职调查的过程中，作为一个谨慎的人进行调查、判断并管理自己的财产。我国《律师事务所从事证券法律业务管理办法》第十二条规定：“律师事务所及其指派的律师从事证券法律业务，应当按照依法制定的业务规则，勤勉尽责，审慎履行核查和验证义务。律师进行核查和验证，可以采用面谈、书面审查、实地调查、查询和函证、计算、复核等方法。”

美国《1933年证券法》在第十一条（c）款中对合理调查和正当理由的标准作了明确规定，即“在决定什么是令人信服的合理调查和正当理由的标准时，合

---

① 张伟华：《海外并购交易全程实务指南与案例评析》，中国法制出版社2016年版，第77页。

理的标准应当是精明人在管理自己的财产时所需要的标准”。

合理审慎义务要求律师在尽职调查时以事实为依据，根据相关法律的规定进行调查和判断。实务中，律师在出具尽职调查报告或法律意见前会要求目标公司股东、高管出具承诺及保证，确认其提供的资料、披露的信息、陈述的事实是真实、完整的，不存在任何隐瞒、虚假或误导。但是目标公司股东、高管出具前述承诺及保证并不当然免除律师在尽职调查过程中应尽的合理审慎义务，尽职调查律师团队仍应勤勉尽责地进行独立调查与核查。

3. 重要性原则

对不同行业、不同企业规模以及不同投资目的的并购交易，律师团队应根据投资目的分析尽职调查重点，着重对投资决策有重大影响的事实进行调查，并评估是否为影响交易的重大风险，从而设计具有针对性的尽职调查范围及内容，避免将紧迫的尽职调查时间花费在不重要的一般事项上，从而影响尽职调查的效率与效果。

4. 全面性原则

虽然如前文所述，律师团队需要根据交易目的设计尽职调查重点，但这并非表示不对目标公司进行360度全方位的尽职调查，因为尽职调查仍应坚持全面性原则。全面性原则是指尽职调查律师团队应该竭尽所能综合采用各种方式与方法，包括但不限于网络核查、书面审查、实地调查、访谈等方式对目标公司进行调查。尽职调查律师团队的人员应对尽职调查的内容具有高度的敏感性，围绕交易目的开展尽职调查工作。

第二节 涉外并购法律尽职调查的工作流程及主要内容

一、境内律师在涉外并购尽职调查中的工作

涉外并购不同于国内企业间的并购，涉外并购的目标公司往往在境外，境内

外分属于不同的法律体系，财税体系亦不同，因此，收购方除委托境内专业机构进行尽职调查之外，通常也会委托境外律师、会计师、税务师、评估师等专业机构来完成目标公司所在国法律、财务、税务以及评估等的尽职调查工作。从法律角度来看，境内律师不仅需要具备涉外并购交易尽职调查的专业经验，而且需要统筹整个并购交易项目的推进，包括分析并确定整个项目尽职调查的范围和内容，与境外律师团队紧密配合与沟通，准确向境外律师团队反映客户关注的问题，在境外律师出具的尽职调查资料与报告的基础上，针对客户的特定需求进行法律分析。其中，境内律师在涉外并购尽职调查中应重点关注以下两个方面的工作。

（一）注意对目标公司主体资格、并购的授权与批准的审查

核查目标公司的主体资格、设立审批是法律尽职调查工作中需要首要关注的问题，在这一问题上，境内律师团队需要和境外律师团队共同配合。由境外律师核查目标公司的设立、存续是否存在法律瑕疵，目标公司是否合法合规开展经营，目标公司开展合法经营是否需要取得相关许可、是否需要申请相关资质等，取得的相关许可及资质是否仍然合法有效。另外，境内外律师需分别核查收购方所在国及目标公司所在国就本次并购交易的授权、批准程序是否被准许且审批通过，是否存在相关限制性规定，是否存在潜在的政治、政策法律风险等。

受当前形势影响，各国外资并购国家安全审查制度日趋严格，其中，属美国最严，这种对国家安全审查的关注和强调已成为中国企业涉外并购所面临的最大政治和法律风险。在此种环境下，境内律师需要在境外律师的配合下更为仔细地研究目标公司所在国与外资监管相关的法规政策，设计并搭建对收购方最为有利的并购交易模式，从而在最大限度上减少或规避目标公司所在国可能的政治和法律风险。

（二）注意独立分析尽调报告，并提供互补性建议

境内律师应针对境外律师出具的尽职调查报告，按照独立性原则的要求，做独立法律分析，并向收购方出具独立法律分析意见。对于在尽职调查报告中发现的问题，境内律师应根据并购交易目的及风险发表补充意见，并协调境外律师团队进行说明解释或开展补充尽职调查工作。境内律师应当结合尽职调查的结果向

收购方提示可能影响并购交易成功与否的实质性法律障碍，以及与并购交易价格、交易条件等重要条款有关的事实或风险，从而帮助收购方与目标公司在并购协议的谈判中尽可能地占据有利地位。

二、涉外并购法律尽职调查的工作流程

法律尽职调查工作主要分为以下几个步骤：

（一）确定法律尽职调查的目的、对象和范围

确定法律尽职调查的目的是正式开展尽职调查工作的前提，只有充分理解并购交易中收购方的商业计划及交易目的，才能定制每一个并购交易项目尽职调查的对象和范围，这也是尽职调查重要性原则的体现。

随着交易的进行，并购交易的目的可能根据交易的进行发生调整和变化，在此种情形下，律师团队应根据交易目的及时调整尽职调查的范围和内容，从而确定律师实施尽职调查的职责和责任。

（二）制定并提供尽职调查清单

如前文所述，尽职调查是一项时间紧、任务重的烦琐工作，又因不同行业不同交易目的的不同，尽职调查的重点、范围、内容亦不同，为了能够提高交易双方在尽职调查阶段的效率，收购方律师会在正式开展尽职调查前，提前向目标公司发送尽职调查清单，要求目标公司按照尽职调查清单的内容准备完整、齐全的相关资料。律师团队应结合并购交易目的，将客户关注的重点问题反映在尽职调查清单中。

需要特别注意的是，律师团队一般会在此前所作项目尽职调查清单的模板上做调整和修改。因为证券类业务与并购交易业务在尽职调查目的、对象和范围上的不同，律师团队应注意不要将用于证券类业务的尽职调查清单用于并购项目中，在使用尽职调查清单模板进行调整时，应注意替换客户信息以及不同行业资质许可相关信息等，避免将适用于建筑行业的尽职调查清单用于物流行业的目标公司，从而增加目标公司负责尽职调查资料准备的人员的理解难度。

（三）收集、整理、分析尽职调查资料并制定尽职调查补充清单及访谈提纲

律师团队应该按照全面尽职调查原则，采用书面审查、实地调查、访谈等方式全方面地收集、整理尽职调查的信息，并做初步分析，在初步分析的基础上，梳理需要目标公司进一步提供的资料，并设计和制作尽职调查补充清单，交由目标公司人员准备进一步的资料。对于经初步调查分析发现的问题，且无法通过核查书面资料确认的，律师团队应设计和制作访谈提纲及问题，通过访谈的方式予以解决。

针对涉外并购交易，因交易双方所处不同国家，相较于境内并购交易的资料提供及收集存在地域上的限制，因此，在涉外并购交易尽职调查的第一阶段，目标公司通常会采用虚拟资料室（virtual data room）的方式提供尽职调查资料。目标公司根据尽职调查清单提供资料，并将资料上传到虚拟资料室，给予收购方登录账号及密码，以方便收购方在网上查阅。在某些交易中，虚拟资料室的资料只允许浏览不允许下载，收购方只能采取截屏或拍照的方式保存尽职调查资料用于备查。采用截屏或拍照方式前，律师团队应特别注意截屏或拍照方式是否违反保密协议的约定，避免引起不必要的纠纷。此外，网上开放资料室通常也会有一个问答部分，收购方可以对在尽职调查过程中发现的问题向目标公司提问，以及要求目标公司提供进一步的尽职调查资料。

（四）撰写尽职调查报告并制作尽职调查底稿

尽职调查报告有既定的格式，主要内容包括出具报告的目的、范围、释义，尽职调查的方法与限制，律师事务所出具尽职调查报告的免责限制及声明，报告正文及附件部分。

对于正文部分，因为尽职调查报告正文的内容较多，为了能够让阅读报告的人迅速了解并购交易中的重大法律风险事项，正文的第一部分通常会以摘要的形式罗列，并针对法律风险提出分析和解决办法。对于涉外并购交易项目，一般采用更简洁的风险提示型的尽职调查报告，此种尽职调查报告格式仅提示重大法律问题，并进行分析及说明。

附件部分则通常为不方便直接在正文中插入的表格及统计等。

此外，对于尽职调查底稿制作，很多时候律师团队不重视尽职调查底稿的制

作，但实际上，尽职调查底稿的制作及质量是律师防范执业风险的重要证据及保障，也是衡量律师团队是否尽到审慎义务的依据。因此，律师团队在开展尽职调查的过程中，应同步整理尽职调查资料并制作尽职调查底稿。

三、涉外并购法律尽职调查的主要内容

如前文所述，虽然每个具体并购交易项目因目标公司所处行业不同、规模不同，以及并购交易目的不同，尽职调查的重点及核查要点亦不同，但是，针对一般的涉外并购交易（以股权收购为例），尽职调查主要包括以下内容。①

1. 交易对方的信息

（1）核查交易对方的注册登记信息，包括但不限于公司名称、注册地址、商业登记证、公司类型、经营范围、注册资本、股份数、成立日期、经营期限、股东、董事等；

（2）核查交易对方的股权结构及股权穿透情况；

（3）核查交易对方对所涉并购交易的内部决策及审批程序的要求；

（4）核查交易对方对所涉并购交易的外部审批程序要求；

（5）核查交易对方对所涉并购交易存在的其他限制和障碍；

（6）核查交易对手的财务状况和履约能力；

（7）核查交易对手是否有既往违约历史或不诚信现象。

2. 目标公司基本信息

（1）核查目标公司注册登记信息，包括但不限于公司名称、注册地址、商业登记证、公司类型、经营范围、注册资本、股份数、成立日期、经营期限、股东、董事等；

（2）核查目标公司存续合法性，即目标公司是否合法设立并有效存续，目标公司是否存在营业执照被吊销、经营期限届满的情形，以及目标公司是否存在影响其持续经营的问题及潜在风险；

（3）核查目标公司发展的历史沿革，历史出资情况，历次变更情况；

① 李海容：《海外投资并购：实务操作与典型案例解析》，法律出版社2017年版，第148～150页。

（4）核查目标公司的股权结构及股权穿透情况，目标公司是否存在股权代持、信托持股的情形；

（5）核查目标公司股权是否存在质押的情形；

（6）核查目标公司是否存在员工股权激励方案等。

3. 目标公司的经营情况及资质许可

（1）核查目标公司与生产经营相关的所有有效授权、许可、资质证书，相关资质许可是否在有效期限内，是否存在其他经营限制或经营条件；

（2）核查目标公司重大合同的履行情况，需要查阅目标企业将要履行、正在履行以及虽已履行完毕但可能存在潜在纠纷的重大合同，查证目标公司是否拥有稳定的供销渠道及可持续经营的商业模式；

（3）核查目标公司的重大合同是否含有控制权变更条款；

（4）核查目标公司近三年所受过的相关处罚、罚金，核查罚款的缴纳及整改情况；

（5）核查目标公司是否发生过安全事故及其后果。

4. 公司资产情况

（1）核查目标公司拥有或租赁的土地、厂房权属凭证、相关合同、支付凭证等；

（2）核查目标公司专利、商标、特许经营权等无形资产的权属凭证、相关合同等；

（3）核查该等知识产权是否存在质押或许可第三方使用的情形，目标公司是否获得使用他人专利、商标、软件著作权和域名的许可以及许可期限；

（4）核查目标公司主要生产经营设备等主要财产的权属凭证、相关合同等；

（5）核查目标公司主要财产及财产权利是否合法有效，是否存在权利限制、抵押担保、法律纠纷或潜在纠纷。

5. 目标公司债务情况

（1）核查目标公司负债的真实情况，包括负债类型、债务结构、负债金额、还款期限、是否存在未付债务等，债务种类包括：优先抵扣类债务、担保债务、优先清偿类债务、无担保债务、股东贷款等；

（2）核查目标公司债务相关协议中是否含有控制权变更条款；

（3）核查目标公司是否存在对外提供担保，或其他共有债务。

6. 劳动用工部分

（1）核查目标公司员工情况，包括员工人数、结构、薪酬等；

（2）核查目标公司是否存在工会、罢工等情形；

（3）核查目标公司与员工签订的劳动合同，解雇条款；

（4）核查核心管理人员和技术人员，是否存在竞业禁止等条款等；

（5）核查所涉并购交易是否存在员工安置条款，是否存在员工或工会有权否决所涉并购交易的风险。

7. 目标公司涉诉、仲裁、行政处罚情况

（1）核查目标公司是否存在诉讼、仲裁或行政处罚的情况；

（2）核查目标公司是否存在因相关诉讼、仲裁或行政调查可能导致的负债；

（3）核查目标公司是否存在因相关诉讼、仲裁或行政调查可能导致的其他责任或风险，如名誉风险、刑事责任等。

8. 其他可能进行尽职调查的事项

（1）核查是否存在其他潜在竞争对手风险，并了解和观察竞争对手的动向，避免因竞争对手的争夺而导致交易失败；

（2）核查合作伙伴是否具有良好的信誉和财务实力，与合作伙伴之间的权利划分是否充分有力；

（3）交易程序风险：

①核查并购交易所需要的中国和外国政府审批/备案程序；

②核查并购交易可能遭遇的政治审查方面的风险。

（4）投资东道国相关风险：

①核查投资东道国的政府及/或国有企业的违约风险；

②核查投资东道国的政府征收、征用的国有化风险；

③核查投资东道国政府审查风险，包括外国投资审查、反垄断审查风险等；

④核查投资东道国社会动乱和治安风险；

⑤核查投资东道国有关环境法律风险；

⑥核查投资东道国有关劳动法律风险；

⑦核查投资东道国有关知识产权法律风险；

⑧核查投资东道国有关国家安全审查风险。

例举：尽职调查清单模板中英文

Due Diligence Documents Checklist

尽职调查文件清单

In order for the ________ and ________ to conduct the due diligence review regarding a proposed transaction between ________ and ________, we will need to receive certain information and documentation from ________ with respect to the business, assets and operations of following entities:

为便于________和________就有关________与______的交易进行尽职调查，请______提供下列企业关于业务、资产和经营方面的信息和文件：

[ ]

[ ]

[ ]

(Each a "Company" and collectively the "Companies")

（单独或合称为"公司"）

If the Company has any sub-entity with independent legal person status ("Subsidiary"), the Subsidiary should be regarded as another "Company" and should separately provide answers and all relevant documents in relation to the items indicated in this Documents Checklist.

若公司有任何具有独立法人地位的下属机构（"子公司"），该子公司应视为另一个"公司"并另行按本文件清单所列事项提供答复及所有有关文件。

To expedite the due diligence process, we have compiled the following outline which lists the documentation and information that we will need to review (set forth in no particular order).

为了加快尽职调查的进程，我们准备了下列提纲列明所需要审阅的文件和信息（排序不分先后）。

As our due diligence progresses, additional documents and information may be requested. We would appreciate receiving your preliminary response as soon as possible.

随着我们尽职调查的进行，可能需要贵司进一步提供文件和信息，我们希望贵司能尽快提供初步反馈。（见表 7）

表 7　需要审阅的文件和信息

Item 文件名称	Previously Provided (with the name and Reference Number Listed) 已提供（列明文件名称及文号）	Note 备注 (To be Provided/N/A) （待提供/不适用）
Part Ⅰ　Corporate Structure and Shareholding of each Company **第一部分　公司的组织结构和持股情况**		
Articles of Association and Joint Venture Contract (if any) and any amendments/revisions thereto 公司章程和合资合同（如有）及其任何补充/修订		
Approval letter for the Articles of Association and Joint Venture Contract (if any) and any updates thereto 公司章程和合资合同的批复（如有）及其任何更新		
Approval certificate for establishment of foreign invested company and any updates thereto 外商投资企业批准证书及其任何更新		
Project Proposal and Feasibility Study Report (if any) 项目建议书及可行性研究报告（如有）		
Project verification letter 项目核准函		
Business License and any updates thereto 营业执照及其任何更新		
Details of any increases of capital, reductions of capital or other capital reorganizations involving the company that may have occurred since their respective dates of incorporation 公司从合法注册之日至今一切增资、减资及资产重组的情况		

续表

Item 文件名称	Previously Provided (with the name and Referencc Number Listed) 已提供（列明文件名称及文号）	Note 备注 (To be Provided/N/A) （待提供/不适用）
All the approvals, opinions, agreements, contracts and other documents with respect to the reorganization, recapitalization, and changes of corporate structure and shareholding of the company 任何有关改制、重组以及公司结构和股权变更的批复、意见、协议、合同和其他文件		
If applicable, names and addresses of all directors and legal representatives (if relevant) of the company, stating title and any other directorships held 公司董事及法定代表人（如有）名单、地址、职务及是否还担任其他公司董事（如适用）		
All asset valuation reports in relation to the company 与公司有关的所有资产评估报告		
Annual inspection report of SAIC of the past three years (if any) 最近三年的工商年检报告（如有）		
Minutes/resolutions of meetings of the board of directors, board of supervisors and shareholders for the last three years 过去三年的董事会、监事会和股东会的决议及记录		
Please also provide or confirm the following: 请提供或确认以下信息：		

续表

Item 文件名称	Previously Provided (with the name and Reference Number Listed) 已提供（列明文件名称及文号）	Note 备注 (To be Provided/N/A) （待提供/不适用）
(1) A list of all share options, share pledges, warrants or similar arrangements affecting the shares of the company (1) 影响公司股权的所有股票期权、质押、认股权证或类似的安排清单		
(2) Are there any shareholders agreements relating to the company or any other agreements among shareholders and/or third parties relating to the voting, disposal or acquisition of shares or securities of such company (2) 是否存在关于其他公司的股东间协议或关于股东之间和/或与第三方之间的任何与其他公司的股票或其他证券的投票权，处置权或取得有关的协议		
(3) Corporate ownership chart of the company and their affiliates; and (3) 公司和其关联方的股权结构图；以及		
(4) Operational structure chart of the company and their affiliates (4) 公司和其关联方的组织结构图		
Part Ⅱ Financial Status of each Company **第二部分 公司的财务状况**		
Copies of current financial statements, management accounts (if any) and audited financial reports of the past three years of the company and as a whole (if		

续表

Item 文件名称	Previously Provided (with the name and Reference Number Listed) 已提供（列明文件名称及文号）	Note 备注 (To be Provided/N/A) （待提供/不适用）
consolidated). For company, copies of capital verification (验资报告), reports, certificates and other documents confirming the timing, form and valuation of all contributions to the registered capital of company 公司现有的财务报表、管理账户（如有）、合并报表（如有）及最近三年经审计的财务报告，任何证明公司注册资本的出资时间。出资形式及出资价值的验资报告、证明或其他文件		
A schedule of all indebtedness owed by the company, details of any borrowings or other amounts currently outstanding to the bankers of the company, and details of any proposed discharge of such indebtedness 公司负债的全部状况，包括目前对银行所有尚未还清的借款或其他欠款的数量以及详细情况，以及任何对该等负债的偿还计划		
Details of all loans made to or by the company, including all loans and indebtedness to directors, officers, employees or shareholders of any of the company or any other Companies in which any such director, employee or shareholder is interested 有关公司间贷款的详细情况，包括与董事、管理人员、员工或股东之间的贷款和负债情况或与该等董事、管理人员、员工或股东利益相关的公司之间的贷款和负债情况		

续表

Item 文件名称	Previously Provided (with the name and Reference Number Listed) 已提供（列明文件名称及文号）	Note 备注 (To be Provided/N/A) （待提供/不适用）
All outstanding mortgages, charges (whether registered or not) and other security arrangements and documents relating to or affecting the company 所有现存的与公司有关的或影响公司的抵押、质押（无论是否登记）或其他担保安排		
Details and copies of all guarantees, indemnities and other contingent obligations (a) given by the company in relation to the obligations of any other person and (b) given by any other person in respect of the obligations of any of the company 所有有关保证，补偿或其他或有负债的详细情况及复印件，包括：(a) 公司对其他任何人士做出的该等安排；(b) 或其他任何人士对公司做出的该等安排		
All hire purchase or instalment purchase agreements, finance leases, letters of credit, performance and other bonds, details of advance deposit payments for materials and similar documents involving or relating to the company, or a confirmation that the company have not entered into any such arrangements 所有分期付款采购协定、财务租赁、信用证、履约保函或者其他保函、预付款和/或类似安排的详/情况，或者公司出具确认书确认不存在上述情况		
Details of factoring, off-balance sheet or other unusual financing arrangements and copies of related documentation 有关应收款银行买断、表外融资或者其他特殊融资安排的详细情况及相关文件复印件		

续表

Item 文件名称	Previously Provided (with the name and Reference Number Listed) 已提供（列明文件名称及文号）	Note 备注 (To be Provided/N/A) （待提供/不适用）
Details of all contingent liabilities and commitments not recorded in the books of the company 或有负债，或者其他没有记入公司报表的付款承诺的详细情况		
List of debtors more than three months old and details of standard discount and credit terms and credit or collection policies 超过三个月的债务人名单、标准销售折扣、应收款期以及其他授信和收款政策		
Financial projections for each of the company for the next five years 公司未来五年的财务预测		
Describe in detail the dividend policy of the company 请详细描述公司的股利政策		
Part Ⅲ　Government Regulation regarding each Company **第三部分　有关公司的政府文件**		
Copies of all licenses, permits or other authorizations issued to the company by any government agency and of any related agreements and material correspondence, and with respect to the company, copies of the following: 以下和公司相关的所有执照、许可或其他由任何政府机构或相关合同和重要信件赋予公司的授权的复印件：		

续表

Item 文件名称	Previously Provided (with the name and Reference Number Listed) 已提供（列明文件名称及文号）	Note 备注 (To be Provided/N/A) (待提供/不适用)
(1) Local Tax Registration Certificate (1) 地税登记证		
(2) State Tax Registration Certificate (2) 国税登记证		
(3) Finance Registration Certificate (3) 财政登记证		
(4) Foreign Exchange Certificate (4) 外汇登记证		
(5) Customs Registration Certificate (if any) (5) 海关登记证（如有）		
(6) Enterprise Legal Person Code Certificate (6) 组织机构代码证		
(7) License for Open Account (7) 开户许可证		
(8) Loan Card (8) 贷款卡		
(9) Foreign Debt Registration Certificate (if any) (9) 外债登记证（如有）		
(10) Social Security Registration Certificate (10) 社保登记证		
(11) Statistics Registration Certificate (11) 统计登记证		

续表

Item 文件名称	Previously Provided (with the name and Reference Number Listed) 已提供（列明文件名称及文号）	Note 备注 (To be Provided/N/A) （待提供/不适用）
(12) State-owned Assets Registration Certificate (if any) (12) 国有资产产权登记证（如有）		
(13) Planning Permit for Use of Construction Land (13) 建设用地规划许可证		
(14) Construction planning permit (14) 建设工程规划许可证		
(15) Construction permit (15) 建筑工程施工许可证		
(16) Report of acceptance of construction (16) 竣工验收报告		
(17) Details of any filings relating to acceptance of construction with relevant authority and copies of related correspondence (17) 在相关机构的竣工验收备案及相应往来的复印件		
(18) License for Operating Distribution of Movies (18) 电影发行经营许可证		
(19) License for Operating Projection of Movies (19) 电影放映经营许可证		
(20) Certificate of Projection Equipment for Digital Movie and (20) 数字电影放映设备技术合格证以及		

续表

Item 文件名称	Previously Provided (with the name and Reference Number Listed) 已提供（列明文件名称及文号）	Note 备注 (To be Provided/N/A) (待提供/不适用)
Copies of any reports, notices or correspondence relating to any alleged violation or infringement by the company of any government regulation, license, permit or other authorization 如果公司曾经违反任何中国的法律法规、执照、许可或者其他授权，请提供有关报告，通知或回应的复印件		
Part Ⅳ　Taxation regarding each Company **第四部分　税务**		
Details of any tax clearances or rulings obtained within the last 3 years and copies of any tax indemnities taken or given 过去三年中一切有关税务的支付、裁决的详细情况以及得到或支付的税务补偿的复印件		
Details of tax concessions, holidays and incentives granted to the company 公司一切税务优惠、减免、鼓励的详细情况		
Details of any disputes with, or investigations by, any fiscal authority and of any disagreed assessments or arrangements or proposed arrangements for the settlement of any arrears, and copies of relevant correspondence 与任何财税机关的有关税务的争议或者调查，任何对于税务评估或安排或计划安排的不服及随后的解决方案，以及相关回应的复印件		

续表

Item 文件名称	Previously Provided (with the name and Reference Number Listed) 已提供（列明文件名称及文号）	Note 备注 (To be Provided/N/A) （待提供/不适用）
Details and copies of any penalties, fines or interest charges imposed in relation to any taxes 一切有关税务的罚款、罚金或罚息的详细情况和复印件		
Part V　Property of each Company **第五部分　公司的财产**		
Details of any owned or leased properties 任何有关自有或租赁财产的详细情况		
For each parcel of land used by the company, please provide the following information and documents: 对于公司使用的每一块土地，请提供下列信息和文件：		
(1) land use certificate (1) 土地使用权证书		
(2) land grant contract or lease contract (if any) (2) 土地使用权出让合同或土地租约（如有）		
(3) temporary licenses to install and repair plants (if any) (3) 安装或维修厂房设备的临时性证书（如有）		
(4) evidence of payment of all land grant premiums, taxes and fees with respect to the land; and (4) 土地出让金付款证明，相关的税收和费用支付证明；以及		

续表

Item 文件名称	Previously Provided (with the name and Reference Number Listed) 已提供（列明文件名称及文号）	Note 备注 (To be Provided/N/A) （待提供/不适用）
(5) list of all mortgages over the land, together with copies of all contracts, documents and registration certificates relating to such mortgage (including the mortgage contracts, loan contracts, mortgage registration certificates, etc.) （5）土地抵押情况清单，包括与该抵押相关的有关合同，文件和登记证书的复印件（包括抵押合同，贷款合同，抵押登记证明等。）		
For each building owned or leased by the company, please provide the following information and documents: 对于任何公司自有或租赁的房产，请提供下列信息和相关文件：		
(1) list of rented or leased building, and their related agreements and the relevant permits and registrations （1）租用或租赁房产的清单、相关合同及租赁许可或登记文件		
(2) building ownership certificate （2）房产证		
(3) evidence of payment of all taxes and fees with respect to the building, and （3）与房产相关的支付相关税收和费用的证明，以及		

续表

Item 文件名称	Previously Provided (with the name and Reference Number Listed) 已提供（列明文件名称及文号）	Note 备注 (To bc Provided/N/A) （待提供/不适用）
(4) list of all mortgages over the building (including the office properties), together with copies of all contracts and documents relating to such mortgages (including the mortgage contracts, loan contracts and mortgage registration certificates, etc.) (4) 房屋（包括办公物业）抵押情况清单，以及与该抵押相关的合同和文件（包括抵押合同、贷款合同以及抵押登记证明等）		
(5) List of any security over the assets or rights of the company and the guarantee provided by the company together with copies of all contracts and documents relating to such security and guarantee to the extent not provided above (5) 公司所有的资产或权利所设的担保和公司提供的保证的清单，以及和上述担保和保证相关且之前未提供的所有合同和文件的复印件		
Part Ⅵ　Business and Operational Matters of each Company **第六部分　公司的业务和运营**		
Confirmation (and evidence thereof) that each of the company has all licenses and permits necessary to carry on its business 公司确认并证明所有和公司运营有关的执照和许可都已经获得		

续表

Item 文件名称	Previously Provided (with the name and Reference Number Listed) 已提供（列明文件名称及文号）	Note 备注 (To be Provided/N/A) （待提供/不适用）
A schedule of all material plant, machinery and equipment, motor vehicles and other tangible assets used by the company, indicating the ownership and nature thereof and the material terms of any finance lease or security agreement pursuant or subject to which the same may be leased or owned 显示所有的工厂，机器，设备，汽车和其他有形资产的所有权，金融租赁或设置担保权益的实质条款清单		
Details of all fines, penalties or other breaches of legislation or regulations and copies of related correspondence 所有罚款，处罚或其他违反法律，法规的细节及相应往来的复印件		
Details of any complaints, filings or reports relating to anti-competitive practices, anti-trust, pricing, marketing or other practices and copies of related correspondence 任何有关反不当竞争，反垄断，不当价格或市场其他的投诉，备案或报告的复印件或相应往来的复印件		
Copies of the operational manuals for finance procedures, construction/procurement procedures and operation and maintenance procedures 财务流程，工程流程，采购流程及运营和维护流程的操作运营手册		

续表

Item 文件名称	Previously Provided (with the name and Reference Number Listed) 已提供（列明文件名称及文号）	Note 备注 (To bc Provided/N/A) （待提供/不适用）
Part Ⅶ Contracts regarding each Company-General **第七部分 有关公司的合同—概况**		
Copies of all contracts to which any of the Companies is or was a party relating to acquisition or sale of shares or businesses (including any acquisition of shares in the company), joint ventures, partnerships or investments in other entities, or reorganizations 公司作为或曾作为收购、股票销售、商业（包括公司内的任何股票收购），合资，合伙、投资其他实体或重组合同的一方的所有合同的复印件		
Copies of all license, distribution, franchise, agency, research and development, marketing, consulting and management contracts 所有许可协议、销售协议、特许或专营协议，委托代理协议及开发协议，市场营销协议，咨询顾问协议及管理协议的复印件		
Copies of all contracts to which any of the companies is or was a party relating to raw material supply/product sales 公司作为或曾作为原材料供应/产品销售合同一方的所有合同的复印件		
Copies of all contracts to which any of the Companies is or was a party relating to engineering, procurement and construction 公司作为或曾作为设计采购施工合同一方的所有合同的复印件		

续表

Item 文件名称	Previously Provided (with the name and Reference Number Listed) 已提供（列明文件名称及文号）	Note 备注 (To be Provided/N/A) （待提供/不适用）
Copies of key project contracts and all other contracts material to the business of any of the company 重大的项目合同和对公司的业务有重大影响的其他合同的复印件		
Details of breaches of any contracts 任何违反合同的详细情况		
Copies of all contracts: 所有下述合同：		
(1) containing long-term, unusual or onerous provisions （1）含有长期，非普通或有法律责任条款		
(2) containing exclusivity or non-competition provisions （2）含有独家或禁止竞争条款		
(3) where change of ownership could give grounds for termination or is otherwise relevant （3）所有权变化能带来协议终止或其他相关		
(4) Contracts with directors or officers of the company or the vendor or with any affiliate of the vendor or of any such person not being acquired （4）与公司董事，公司的任何管理人员，供应商，供应商的任何关联企业或其他方的合同		

续表

Item 文件名称	Previously Provided (with the name and Reference Number Listed) 已提供（列明文件名称及文号）	Note 备注 (To be Provided/N/A) （待提供/不适用）
Part Ⅷ　Legal Proceedings, Disputes and Investigations regarding each Company **第八部分　有关公司的法律程序、纠纷和调查**		
Details of all pending or threatened litigation, arbitration proceedings, or governmental investigations and proceedings (domestic or foreign), including parties, damages and other remedies sought, nature of action, details of any actual or potential breaches of contract or infringement of rights by the company 任何现实或者潜在的（国内与国外的）诉讼，仲裁或政府调查的详细情况，包括当事方，损失和其他赔偿，行为的性质，公司任何实际或潜在的违反合同或侵权的详细情况		
Part Ⅸ　Insurance Policies of each Company **第九部分　公司的保险**		
Provide a description of all insurance policies as have been taken out by the company as are required by law 请提供一份公司购买的全部保险以及根据法律要求公司购买的全部保险的详细说明		
Part Ⅹ　Environmental Matters regarding each Company **第十部分　有关公司的环境事宜**		
Copies of environmental impact assessment report and all permits relating to environmental matters (including		

续表

Item 文件名称	Previously Provided (with the name and Reference Number Listed) 已提供（列明文件名称及文号）	Note 备注 (To be Provided/N/A) （待提供/不适用）
but not limited to environmental impact assessment report, approval for environmental impact assessment and evidence of project environmental protection acceptance) 环境影响评估报告和有关环保的一切许可的复印件（包括但不限于环境影响评估报告、环境影响评估报告的批复及项目竣工环境保护验收的证明）		
All notices, complaints, suits or similar documents sent to, received by or served upon any of the company by any governmental, department of environmental regulation or any similar governmental, regulatory body, authority or agency 任何政府执法机关，环保执法机关或类似政府机构，监管机构或代表机构对公司发出的或者为公司发出的所有通知，投诉，诉讼或者其他类似文件		
Details of any infringement of any environmental laws 任何违反任何环境法律法规的详细情况		
Details of any existing environmental management system or monitoring system implementing environmental controls at the company 公司任何现有的实施环境控制的环境管理系统或检测系统的详细情况		

续表

Item 文件名称	Previously Provided (with the name and Reference Number Listed) 已提供（列明文件名称及文号）	Note 备注 (To be Provided/N/A) (待提供/不适用)
Part XI　Employment Matters regarding each Company **第十一部分　有关公司的劳动人事事宜**		
Examples of standard-form employment agreements (and, if applicable, golden parachute agreements), consultancy agreements, and all agreements with present or former employees of the Companies in respect of confidentiality, non-competition or indemnities 标准格式的雇佣协议（及，如适用，金降落协议）、顾问协议及所有与现在或先前的员工所签署的关于保密，竞业禁止或补偿协议的样本		
Copies of any share option, share incentive, profit sharing, phantom scheme or similar arrangements for employees 员工的股票期权、股权激励、虚拟股票期权、分红或类似安排的复印件		
Confirmation that all applicable employment regulations have been complied with bycompany and all applicable tax, welfare have been paid by each company 确认公司遵守了所有适用的劳动法律法规并且支付了所有适用的税款和福利		
Details of any material or unusual benefits provided to employees including loan arrangements 包括贷款安排在内的任何提供给员工的实物或特殊的利益情况细节		

续表

Item 文件名称	Previously Provided (with the name and Reference Number Listed) 已提供（列明文件名称及文号）	Note 备注 (To be Provided/N/A) （待提供/不适用）
Part XII　Intellectual Property of each Company **第十二部分　公司的知识产权**		
Schedule of all intellectual property of thecompany, and copies of all relevant registrations, applications, consents, licenses and sub-licenses 公司全部知识产权的清单，包括相关的登记、申请、同意、授权和次级授权的复印件		
Details of any infringement or alleged infringement of the intellectual property rights of thecompany, or of any such rights of others by the company, and related correspondence and documentation 任何有关公司知识产权被侵犯，或任何公司侵犯其他方知识产权的详细情况以及相关回复和文件		
Part XIII　Reports regarding each Company **第十三部分　有关公司的报告**		
Consultant, engineer or management reports and market studies related to broad aspects of business and operations of company prepared at its request 顾问、工程师或管理层准备的公司业务、运营方面有关的报告，市场研究报告		
Recent analyses of the company or its industry by investment bankers, engineers, management consultants, accountants or others 投资银行、工程师、管理顾问、会计师或其他方最近出具的有关公司的分析或行业分析		

第三节
部分国家或地区尽职调查的公开信息查询网址

通过查询，部分国家或地区尽职调查的公开信息查询网址情况如下：

阿根廷

公司信息查询网址：

https：//www. argentina. gob. ar/justicia/registro-nacional-sociedades

爱尔兰

公司信息查询网址：https：//core. cro. ie/

专利办公室查询网址：https：//www. ipoi. gov. ie/en/

澳大利亚

公司信息查询网址：https：//abr. business. gov. au/

新西兰

公司信息查询网址：https：//companies-register. companiesoffice. govt. nz/

巴西

公司信息查询网址：http：//juceac. acre. gov. br/

比利时

公司信息查询网址：

https：//kbopub. economie. fgov. be/kbopub/zoeknummerform. html？ lang = en

德国

公司信息查询网址：https：//www. handelsregister. de/rp_web/welcome. do

俄罗斯

公司信息查询网址：https：//okpo. ru/poisk_egrpo. html

法国

公司信息查询网址：https：//www. infogreffe. fr/

芬兰

公司信息查询网址：https：//virre. prh. fi/novus/home？ execution = e1s1

荷兰

公司信息查询网址：

https：//www. kvk. nl/zoeken/？source = all&q = &start = 0&site = kvk2014

加拿大

公司信息查询网址：

https：//www. canada. ca/en/services/business/research. html？Open&src = mm2 # companies

马来西亚

公司信息查询网址：https：//www. ssm. com. my/Pages/Home. aspx

美国

公司信息查询网址：

阿拉巴马州：https：//www. sos. alabama. gov/

阿拉斯加州：http：//commerce. state. ak. us/CBP/Main/SearchInfo. aspx

亚利桑那州：http：//ecorp. azcc. gov/

阿肯色州：http：//www. sos. arkansas. gov/corps/search_all. php

加利福尼亚州：http：//kepler. sos. ca. gov/

康涅狄格州：http：//www. concord-sots. ct. gov/CONCORD/online？sn = InquiryServlet&eid = 99

特拉华州：https：//icis. corp. delaware. gov/Ecorp/NameReserv/NameReservation. aspx

佛罗里达州：http：//www. sunbiz. org/

夏威夷：https：//hbe. ehawaii. gov/documents/search. html

伊利诺伊州：https：//www. cyberdriveillinois. com/departments/business _ services/corp. html

印第安纳州：https：//secure. in. gov/sos/online_corps/name_search. aspx

爱荷华州：https：//sos. iowa. gov/search/business/(S(t3vq2krhkhvpfi55mjiig fei)) / search. aspx

堪萨斯州：https：//www. kansas. gov/

肯塔基州：https：//app. sos. ky. gov/ftsearch/

路易斯安那州：http：//www. sos. la. gov/BusinessServices/SearchForLouisiana

BusinessFilings/Pages/

缅因州：https：//icrs. informe. org/nei-sos-icrs/ICRS？MainPage

墨西哥

公司信息查询网址：

阿瓜斯卡连特斯州：http：//www. aguascalientes. gob. mx/segob/tramites. aspx

下加利福尼亚州：http：//www. bajacalifornia. gob. mx/rppc/index. html

南下加利福尼亚州：http：//www. bcs. gob. mx/

坎佩切州：http：//www. campeche. gob. mx/index. php/campeche

恰帕斯州：http：//www. registropublico. chiapas. gob. mx/

奇瓦瓦州：http：//www. chihuahua. gob. mx/

科阿韦拉州：http：//www. registropublicocoahuila. gob. mx/

科利马州：http：//rppccolima. col. gob. mx/

杜兰戈州：http：//transparencia. durango. gob. mx/info/dgrppc/tramites _ y_ servicios

瓜纳华托州：http：//www. rppc. guanajuato. gob. mx/

格雷罗州：http：//guerrero. gob. mx/

伊达尔戈州：http：//www. hidalgo. gob. mx/

哈利斯科州：http：//www. jalisco. gob. mx/

墨西哥城：http：//ifrem. edomex. gob. mx/

米却肯州：http：//www. segob. michoacan. gob. mx/

莫雷洛斯州：http：//registropublico. morelos. gob. mx/

纳亚里特州：https：//www. nayarit. gob. mx/

瓦哈卡州：http：//www. oaxaca. gob. mx/

普埃布拉州：http：//www. ircep. gob. mx/servicios/1 _ consulta _ manual _ o _ electronica. html

克雷塔罗州：http：//rppc. queretaro. gob. mx/rppcweb/portal/ubicacion/index. php

圣路易斯波托西州：http：//www. slp. gob. mx/

锡那罗亚州：http：//www. sinaloa. gob. mx/

索诺拉州：http：//www. sonora. gob. mx/

塔巴斯科州：http：//www. tabasco. gob. mx/

塔毛利帕斯州：http：//registropublico. tamaulipas. gob. mx/

特拉斯卡拉州：http：//www. tlaxcala. gob. mx/

韦拉克鲁斯州：http：//www. veracruz. gob. mx/

尤卡坦州：http：//www. yucatan. gob. mx/

萨卡特卡斯州：http：//www. zacatecas. gob. mx/

南非

公司信息查询网址：http：//www. cipc. co. za/

挪威

公司信息查询网址：https：//www. brreg. no/

瑞典

公司信息查询网址：https：//www. bolagsverket. se/en/us/about/e-services/foretagsfakta

西班牙

公司信息查询网址：http：//www. rmc. es/Sociedades. aspx

意大利

公司信息查询网址：https：//www. registroimprese. it/en/web/guest/home

英国

公司信息查询网址：https：//www. gov. uk/government/organisations/companies-house

日本

公司信息查询网址：https：//www1. touki. or. jp/gateway. html

新加坡

公司信息查询网址：https：//www. acra. gov. sg/home/

我国香港特别行政区

公司信息查询网址：http：//www. icris. cr. gov. hk/csci/

第四章 交易文件审查

在尽职调查完成后，如果各方决定进一步推进并购进程，那么各方将对交易文件，也就是 sales and purchase agreement（SPA）进行详细的谈判和博弈。SPA 是海外并购风险把控的关键，除了对交易本身诸多条款的确定外，对交易完成后的过渡交割、投后管理或者退出都会产生至关重要的影响。审查 SPA，用一个有趣的比喻来讲就像“扫雷”，双方律师可能会通过草拟和修订合同的过程来“埋雷”，“埋雷”相对来讲是很容易的，一个专业词汇、一个表述就可能成功“埋雷”，但是另一方律师要通过审查合同的过程来“扫雷”就对律师的语言能力、专业经验、文书水平提出了较高要求。

交易文件按照双方确认的交易架构和交易方式，可能签订资产买卖协议或者股权转让协议，另外根据目标公司的性质，可能涉及上市公司或者非上市公司，由此决定协议条款的设置以及签订的流程。虽然资产买卖协议和股权转让协议类型不同，但所涉及的风险点和审查要点大部分是一致的，因此本章将两类协议结合起来，统称为交易文件，并针对非上市公司的交易文件就审查要点、常见陷阱、具体条款的约定等逐一进行阐述。

第一节
交易文件的类型

在涉外并购交易中，并购的各项谈判和协商的结果最终都要以书面条款的形式确定下来，所涉及的交易文件可能根据项目的具体情况包括如下文件：

（1）意向书（letter of intent）、条款清单（term sheet）、框架协议（heads of agreement）；

（2）备忘录（memorandum of understanding）；

（3）保密协议（confidentiality agreement or non-disclosure agreement）；

（4）并购交易文件（sales and purchase agreement）；

（5）股东协议（shareholder agreement）；

（6）保障协议（indemnity agreement）；

（7）担保契约（deed of guarantee）；

（8）融资文件（financing documents）；

（9）雇佣协议（employment agreements）；

（10）其他文件（other documents）。

意向书、条款清单、保密协议等文件通常是在项目前期签订，对交易架构、交易对价、保密义务等主要条款有初步约定，主要目的是表明各方的交易意图和初步安排，根据前几章的介绍，前期交易文件中的部分条款会约定为具有约束力，部分条款会约定为不具有约束力。在 SPA 中，最终协议的签订需要考虑税务筹划、ODI 审批、现有股东的优先购买权、交易先决条件、过渡期、退出机制等。股东协议是在股权不是 100% 购买的情况下需要达成的协议。保障协议和担保契约是在重大风险由哪一方来承担以及为 SPV 公司作为签订主体时的担保。部分案件中，为了确保管理层的稳定性，也可能涉及与管理层签订雇佣协议的情况。

第二节
交易文件的审查要点

并购交易中的SPA第一稿通常是由卖方提供，买方律师对第一稿提出审阅模式下的修订版本。如前所述，拥有合同起草权的一方会更具有主动权，便于在设置条款时为对方“埋雷”，因此也有买方会主动提出要求由买方提供第一稿的SPA。无论是草拟还是审查SPA，应注意以下审查要点：

1. 签订主体

在涉外并购交易中，出于税务筹划、ODI审批等考虑，交易架构往往会设置不同层级的SPV公司，此种情况下，应考虑是否将SPV公司纳入签订主体，或者在签订主体为SPV公司时，是否需要该方提供担保，以确保各方均能切实履行交易文件所约定的各方义务。

2. 交易价格条款

对于交易价格条款，首先需要明确的是，从生效日到交割日之间，通常会存在价格调整。因此，在生效日前，双方应基于一个固定时点确定交易的基准价，并明确价格调整机制，并最终在交割日按照基准价和价格调整机制确定最终的交易价款进行支付。根据张伟华先生的介绍，[①] 对于一般的涉外并购交易而言，运营资本的调整是最常见的调整项。调整方式一般有三种：第一种是全额调整法（dollar for dollar basis adjustment），即如果在交割日的运营资本数比基准日的数目大，则购买价格向上调整，如果在交割日的运营资本数比基准日的数目小，则购买价格向下调整；第二种是超过最小额调整法（de minis basis adjustment），即只有在交割日的运营资本数与基准日的营运资本差额超过一定数值，购买价格才相应地作出调整；第三种是最大额调整法（maximum basis adjustment），即交易价格的调整不能超过该实现规定的最大额度。律师在起草价格调整条款时，除按照双方达成一致的商务约定外，应对于目标公司的资产负债表、运营资本等情况有充分了解，并积极与财务顾问、税务顾问进行沟通。设置条款时当然也应考虑

① 张伟华：《海外并购交易全程实务指南与案例评析》，中国法制出版社2016年版，第222页。

在双方无法对价格调整达成一致的情况下如何处理的问题，一般可以指定一个第三方会计师事务所或者约定确定第三方会计师事务所的程序，根据第三方会计师事务所的结果予以处理。

3. 分手费条款

中国法对于交易定金有明确的规定，即如果支付定金的一方违约，定金不予退还，如果接受定金的一方违约，双倍返还定金，定金数额不超过合同总额的20%。在涉外并购交易中也有类似定金或者订金的条款，在卖方违约时支付分手费（termination fee），在买方违约时支付反向分手费（reserve termination fee）。由于中国涉外并购行政监管较为严格，因此涉外卖方通常会要求对中国企业设置较高的反向分手费。例如，2016年6月7日，由海尔集团控股的青岛海尔股份有限公司和通用电气（GE）宣布，青岛海尔以55.8亿美元的对价收购了GE家电业务资产，双方已就本次交易签署交易交割文件。交易文件约定的先决条件包括通过海尔的股东大会，通过中国监管机构如发改、商务、外汇的审批备案，通过美国、墨西哥、加拿大等国的反垄断审批等。其中反向分手费相应约定为：如果未通过反垄断审批，海尔向美国通用支付反向分手费2亿美元，约为交易对价的3.6%；如果未通过股东大会，或者未通过中国监管机构的审批备案，海尔支付反向分手费4亿美元，约为交易对价的7.2%。

分层约定反向分手费是基于不同程序的先决条件。通常，如果是域外监管机构的审批，如美国的反垄断审批，由于该风险是中国企业无法预见和控制的，因此反向分手费的数额会相对约定较低；如果是中国境内包括公司自身或者监管机构的审批，通常会要求中国企业承担更高额的反向分手费。对于中国企业而言，由于在涉外并购交易中反向分手费的约定较为普遍，目前也可以通过购买“反向分手费保险”或者“交易陈述与保证险”来防范交易风险。

4. 过渡期条款

过渡期是从签订日或者基准日到交割日之间的期限。根据《上市公司收购管理办法》（2020年）第五十二条规定，以协议方式进行上市公司收购的，自签订收购协议起至相关股份完成过户的期间为上市公司收购过渡期。根据《中国证监会上市部关于上市公司监管法律法规常见问题与解答修订汇编》（已失效）第十条提及过渡期间为“自评估基准日至资产交割日”。约定自评估基准日开始的交割期比自签订日开始的交割期通常会更长。过渡期条款的目的：一是限制目标公司或卖方在过渡期内不得作出某些行为，如对资产设立任何负担、设置担保或保证、修改公司章程等；二是要求公司或卖方在交割前满足某些条件，如使现有债务得到清偿、终止关联交易合同等；三是要求公司或卖方在交割期内保障买方的部分权利，包括就某些情况与买方协商或者及时通知买方等。

5. 交割条款

交割条款约定的是双方在符合交割条件的情况下进行交割，双方约定的交割条件通常包括：(1)未发生对交易有重大不利影响的事件；(2)对方的陈述与保证直至交割日是真实、准确的；(3)对方实际履行了其交割前的全部义务；(4)对方已获得交易必须的审批或备案；(5)卖方已取得股东大会同意且现有股东放弃行使优先购买权等。交割日，双方按照SPA约定的交割时间和地点，根据交割事项清单完成交割，包括但不限于交付文件、支付价款、出具权益证明等。在交割日未按照约定进行交割的，通常在协议中也会约定终止交易的权利或者主张损害赔偿的权利。

6. 陈述与保证条款

陈述和保证是估值和交易完成的基础，通常的责任主体是卖方。通常来讲，要求卖方作出的陈述和保证包括对目标公司主体资格合法有效的保证、对卖方签署和执行协议权利的保证、对拟转让股权本身的保证等。同样，在违约责任中也应对应陈述和保证条款约定损害赔偿的责任。

7. 争议解决方式条款

在涉外并购案件中，基本都是选择境外仲裁机构进行仲裁。仲裁是协议管辖，以协议各方自愿为原则，中国企业常用的争议解决机构包括国际商会(International Chamber of Commerce，ICC)，香港国际仲裁中心（Hong Kong International Arbitration Center，HKIAC)，中国国际经济贸易仲裁委员会（China International Economic and Trade Arbitration Commission，CIETAC)，新加坡国际仲裁中心（Singapore International Arbitration Center，SIAC）等。每个仲裁机构都提供有标准的示范仲裁条款以供参考。

【条款示例】

凡因本合同引起的或与本合同有关的任何争议，均应提交中国国际经济贸易仲裁委员会________分会（仲裁中心），按照仲裁申请时中国国际经济贸易仲裁委员会现行有效的仲裁规则进行仲裁。仲裁裁决是终局的，对双方均有约束力。

Any dispute arising from or in connection with this Contract shall be submitted to China International Economic and Trade Arbitration Commission (CIETAC) ________Sub-Commission (Arbitration Center) for arbitration which shall be conducted in accordance with the CIETAC's arbitration rules in effect at the time of applying for arbitration. The arbitral award is final and binding upon both parties.

8. 不可抗力条款

不可抗力条款常常被认定为约定的是小概率事件而被忽略，但由于英美法系并没有在立法层面规定不可抗力（force majeure），因此在合同并未明确约定的情况下，可能导致受不可抗力影响的一方无法依据不可抗力事件而免责。特别是近年受新冠肺炎疫情的影响，中国企业在涉外交易中出现不少争端，即使在交易合同中约定了不可抗力条款，但未明确约定疫情属于不可抗力的情形，新冠肺炎疫情是否构成不可抗力、是否与违约存在直接因果关系、是否能够依据新冠肺炎疫情免责，仍然在法院或仲裁庭的审判中存在较大争议。因此，在新冠肺炎疫情暴发后，律师在草拟和审查并购协议时，也应重视不可抗力条款的拟定，以确保保证己方权益。

【条款示例】

本协议任意一方受到其无法预期并不可避免的不可抗力事件，包括但不限于天灾、水灾、风灾等极端恶劣天气、罢工、社会动乱、疫情等，而导致不能履行本协议全部或部分条款的，应在不可抗力事件的3日内通知其他方，并在7日内将有关不可抗力事件的证明文件提交至协议各方。如不可抗力事件延续超过30天的，本协议各方应通过友好协商决定继续履行或终止本协议的问题。

9. 赔偿条款

赔偿（indemnity）是约定在特定情况下、特定范围内责任方所承担的赔偿责任，可以与陈述和保证的内容进行对应。对于卖方而言，由于陈述和保证的责任主要在卖方，因此卖方应尽可能限制赔偿的范围，如对于损失可以限定在直接损失，明确赔偿数额的上限等。对于买方而言，为确保卖方严格履行陈述和保证的责任，尽可能约定较为宽泛的赔偿范围，包括承诺、税务、或有债务、所有权权属等，损失的定义尽量包括直接损失和间接损失等。另外，如果各方不能就风险和赔偿约定一致，也可以考虑使用保证与赔偿险，引用保险机制协调双方的风险分配。

第三节 交易文件的审查流程

结合前述审查要点，交易文件的审查流程如表8所示。

表8　交易文件的审查流程

考虑事项	被收购方	投资人
签订主体	确认SPV是否需要担保，并要求对等待遇	确认SPV是否需要担保，并要求对等待遇
定金/订金	可以约定为定金，并存入托管账户	对投资人不利，尽量约定为订金，并存入托管账户
交易价格	明确对价及调整机制，可以对调价幅度进行限制	明确对价及调整机制
分手费	确认分手费的数额，且可以对等约定反向分手费	可以约定分手费，充分考虑无法取得审批的风险，尽量降低反向分手费
过渡期	明确过渡期期限是自签订日还是基准日开始，尽量限制在过渡期的义务	明确过渡期期限是自签订日还是基准日开始，尽量明确被收购方在过渡期的义务
交割日	明确交割时间、地点和条件	明确交割时间、地点和条件

续表

考虑事项	被收购方	投资人
债务承担	明确现有债务、或有债务的承担，约定保留责任的划分	明确现有债务、或有债务的承担
先决条件	明确双方在先决条件下的义务	明确双方在先决条件下的义务
陈述与保证	尽可能限制陈述和保证中的义务	尽可能明确卖方在陈述和保证中的义务，尽可能广泛全面
争议解决	通常约定为仲裁，尽量选择对己方有利的适用法律和仲裁机构	通常约定为仲裁，尽量选择对己方有利的适用法律和仲裁机构
不可抗力	尽可能明确疫情为不可抗力	尽可能明确疫情为不可抗力
赔偿	尽可能限制赔偿范围，损失限制在直接损失	尽可能增加赔偿范围，损失包括直接损失和间接损失

第五章 案例评析

案例一

沙钢股份收购 Global Switch

2020 年 11 月 25 日，江苏沙钢股份有限公司（以下简称沙钢股份）公告《发行股份及支付现金购买资产并募集配套资金暨关联交易报告书（草案）》［以下简称报告书（草案）］，拟发行股份及支付现金购买苏州卿峰投资管理有限公司（以下简称苏州卿峰）100% 的股权（不包括截至评估基准日苏州卿峰持有的德利迅达 12% 股权）。

本次交易的标的公司为苏州卿峰，该公司为持股型公司，本部未经营业务，其核心资产为 Global Switch51% 的股权。Global Switch 总部位于伦敦，是欧洲和亚太地区数据中心的龙头，也是目前全球数据中心行业内拥有最高信用评级的企业之一。Global Switch 现有 13 个数据中心，总建筑面积达到 39. 27 万平方米、总电力容量为 369 兆伏安，预计未来将建成高达 48. 47 万平方米的数据中心，合计电力容量达到 530 兆伏安，下游涵盖 Verizon、微软、苹果、Facebook、亚马逊等一线客户。

评估基准日为 2020 年 6 月 30 日，标的资产的评估值为 189. 96 亿元。评估基准日后，Global Switch 进行分红，经分红调整后的交易作价为 188. 14 亿元。

一、交易方案

沙钢股份本次交易拟以发行股份及支付现金的方式购买苏州卿峰100%的股权，同时募集配套资金。本次交易苏州卿峰100%股权的交易作价为1,881,361.24万元，其中，向除上海蓝新资产管理中心（有限合伙）（以下简称上海蓝新）以外的14名股东支付股份对价1,877,037.07万元，发行股份的数量为1,616,741,648股；向上海蓝新支付现金对价0.43亿元。

二、交易背景

根据报告书（草案），根据Wind统计数据，我国粗钢年产量自2014年以来持续处于8亿吨的高位，2019年我国粗钢产量达到9.96亿吨；在需求方面，粗钢表观消费量自2014年以来基本在7亿吨左右波动。随着国家推出的一系列供给侧改革、产能结构优化等宏观经济调整政策，钢铁行业既面临结构调整和优化升级的机遇，也面临化解过剩产能的挑战。

同时，根据中国IDC圈发布的《2019－2020中国IDC产业发展研究报告》，2019年中国IDC市场总规模为1562.2亿元，同比增长27.2%。未来3年，中国IDC市场规模仍将持续增长，预计到2022年，中国IDC市场规模将达到3200.5亿元。

本次交易完成后，随着数据中心资产的注入，上市公司业务范围将转变为特钢和数据中心双主业，整体资产规模、盈利能力将得到大幅提高，上市公司企业价值将得到有效提升。

三、批准和授权

1. 已履行的授权和批准

根据报告书（草案），截至该报告书摘要签署日，已履行的授权和批准如下：

2017年6月14日，沙钢股份召开第六届董事会第二次会议，审议通过《关于公司发行股份及支付现金购买资产并募集配套资金暨关联交易方案的议案》等与本次交易相关的议案。

2018年11月15日，沙钢股份召开第六届董事会第十次会议，审议通过修订后的《关于公司发行股份及支付现金购买资产并募集配套资金暨关联交易方案的议案》等与本次交易相关的议案。

2020年11月24日，沙钢股份召开第七届董事会第八次会议，审议通过《关于公司发行股份及支付现金购买资产并募集配套资金暨关联交易方案的议案》及《关于〈江苏沙钢股份有限公司发行股份及支付现金购买资产并募集配套资金暨关联交易报告书（草案）〉及其摘要的议案》等与本次交易相关的议案。

2020年11月，沙钢集团召开股东会，审议通过了本次交易，并同意与沙钢股份签署购买资产协议、盈利补偿协议等与本次交易相关的全部文件。

2020年11月，本次交易的其他交易对方均已经履行内部决策程序，同意参与本次交易，并同意与公司签署购买资产协议等与本次交易相关的全部文件。

2. 待履行的授权和批准

根据报告书（草案），截至该报告书摘要签署日，待履行的授权和批准如下：

（1）沙钢股份召开股东大会，审议《关于公司发行股份及支付现金购买资产并募集配套资金暨关联交易方案的议案》等与本次交易相关的议案；

（2）通过法国经济部等相关政府部门的外国投资审查；

（3）通过德国联邦经济事务部的外国投资控制审查无异议程序；

（4）中国证监会核准本次重大资产重组。

四、重要意义

本次交易前，沙钢股份总股本为2,206,771,772股，沙钢集团持有公司587,871,726股股份，持股比例为26.64%，为沙钢股份的控股股东，沈文荣先生为沙钢股份的实际控制人。

本次交易完成后，在未考虑募集配套资金的情况下，沙钢股份总股本将增至3,823,513,420股，沙钢集团持有沙钢股份1,141,336,088股，持股比例29.85%，仍为沙钢股份的控股股东，沈文荣先生仍为公司的实际控制人，上市公司控制权未发生变化。

根据《上市公司重大资产重组管理办法》第十二条、第十四条的规定，本次交易拟购买资产的资产总额占上市公司沙钢股份最近一个会计年度经审计的合并财务会计报告期末资产总额的比例达到50%以上；资产净额占上市公司沙钢股份最近一个会计年度经审计的合并财务会计报告期末净资产额的比例达到50%以上，且超过5000万元人民币。因此，本次交易构成《上市公司重大资产重组管理办法》第十二条规定的上市公司重大资产重组。但由于上市公司控制权在本次交易前后未发生变化，本次交易不构成《上市公司重大资产重组管理办法》第十三条规定的重组上市。

案例二

长江实业收购 Greene King plc

2019 年 8 月 19 日，长江实业集团有限公司（以下简称长江实业）公告了《投标公司拟以建议之现金收购方式收购在伦敦证交所上市之 Greene King plc 全部已发行股本及将予发行股本》（以下简称收购公告），长江实业全资附属公司 CK Noble（UK）Limited 作为投标公司，拟收购 Greene King plc 全部已发行股本及将予发行股本。

根据收购公告，目标公司 Greene King plc 为英国具领导地位的酿酒厂及英式酒馆营运商，在英格兰、威尔斯及苏格兰等地经营超过 2700 间酒馆、餐厅及酒店。截至 2019 年 4 月 30 日，目标公司拥有 2730 项买卖物业，其中 2722 项物业之估值合共达 4453. 1 百万英镑。

根据收购协议的约定，协议生效后，在协议记录之日名列股东名册的 Greene King plc 的股东将获得每股 850 便士（约合 80. 8 港元）的现金对价。现金对价以 Greene King plc 全部已发行股本及将予发行股本的价值按全面摊薄基准计算约为 27 亿英镑（约合 252 亿港元）。此外，收购事项允许向 Greene King plc 派付末期股息。

一、交易方案

现金支付的方案是经长江实业与 Greene King plc 进行商业磋商并考虑市场上其他竞争公司、目标公司的市场地位及长远盈利能力后确定的。根据收购协议的约定，现金对价以 Greene King plc 全部已发行股本及将予发行股本的价值按全面摊薄基准计算约为 27 亿英镑（约合 252 亿港元）。现金对价是按照 Greene King plc 截至 2019 年 4 月 28 日止 52 周期间除去利息、税项、折旧和摊销前收益 482 百万英镑（约合 4579 百万港元）乘以约 9.5 倍予以确认的，或如包括在 2019 年 4 月 28 日利率掉期负债的公平值计算，则为 10 倍的企业价值。长江实业根据收购事项应支付的现金代价将从其现有现金中拨付。

二、交易背景

长江实业认为，其作为长期及策略投资者，主要投资并受惠于房地产下拥有稳定、可获利及产生现金流的业务。本项目中，英国英式酒馆及酿酒业符合其主要投资的业务类型，并且英式酒馆将继续成为英国文化和外出用餐饮食市场的重要部分。长江实业集团已在英国英式酒馆行业投资，并拥有一小部分具有永久业权的英式酒馆，计划将全部出租给目标公司。目标公司的吸引力不仅是其在英国英式酒馆及酿酒业的市场、规模和地位，还包括其拥有永久产权及长期租赁的物业以及其强健的财务状况。

三、交易安排

1. 交易程序

为保证收购协议生效，Greene King plc 现有股东须亲自或委派代表出席由法院召开的相关会议，并在会上就本次收购进行投票表决，即投票同意的股东须持有不少于目标公司股东所持有的股份总值的 75%；并且目标公司股东大会就本次收购的特别决议案获得通过。收购协议须获得法院认可，在获得认可后将法院命令的副本送达英国公司注册处处长。

在取得前述批准、欧盟委员会所需的决定并在其他条件达成，以及收购协议安排取得法院认可后，收购协议将于法院命令的副本送达英国公司注册处处长后生效。待条件达成后，收购协议预期于 2019 年第四季生效。

2. 目标公司退市

Greene King plc 拟分别向伦敦证交所和英国 FCA 申请在生效日或之后的短时间内完成退市，即取消目标公司股份在伦敦证交所上市证券主板市场的买卖，以及在官方上市名单上撤销目标公司股份的上市地位。Greene King plc 拟将目标公司在生效日或之后在切实可行的情况下尽快再注册为私人有限公司，而目标公司将会成为长江实业之全资附属公司。

四、主要条款

（1）2019 年 8 月 19 日，长江实业、投标公司及目标公司就本收购项目签订合作协议，主要条款约定如下：

（a）长江实业及投标公司同意尽一切合理努力，以达成约定的反垄断条件，而目标公司同意为确保达成该项条件而合作；

（b）长江实业及投标公司各自同意向目标公司提供相关资料，以编制收购协议，并以其他方式协助编制收购协议等文件；

（c）目标公司同意向长江实业提供相关资料，以编制本公告，并以其他方式协助编制本公告；及

（d）长江实业、投标公司及目标公司同意有关目标公司股权计划及若干其他员工奖励计划。

（2）在出现以下情形的情况下，合作协议将终止：

（a）长江实业及投标公司在以下情形下可选择终止合作协议：

（i）目标公司董事作出目标公司推荐建议的负面改动；

（ii）第三方公布其已对目标公司提出要约的确实意向，并获得目标公司董事的推荐意见；

（iii）目标公司宣布其将不会召开目标公司股东大会或法院会议，或其不拟刊发收购协议等文件；或

（iv）如收购协议等文件一经刊发，协议文件中载明的目标公司股东大会或法院会议召开日期为协议文件刊发日期后之 28 日或以上，除非订立该较后日期之原因为确保目标公司会议将在股东特别大会同日但较迟时间举行；

（b）如出现长江实业董事会推荐建议的改动，则目标公司可选择终止合作协议；

（c）任何与收购事项竞争的计划生效，或被宣布在所有方面为无条件或在所有方面成为无条件；

（d）收购事项在最后截止日期或之前失效、终止或被撤回，包括如条件未获达成，且投标公司成功援引该条件；

（e）如出现需支付分手费的情况，则长江实业、投标公司或目标公司可选择终止合作协议；

（f）长江实业、投标公司及目标公司另行达成一致。

（3）长江实业承诺在以下情形向目标公司支付53.1百万英镑（约合504.5百万港元）的分手费：

①如果下列两项情形均已发生：

（a）长江实业未能促使相关信托人在不迟于向股东寄发本公告后之5个营业日向目标公司提供不可撤销承诺将于股东特别大会上投票赞成有关收购事项之决议案，或相关信托人未能按照有关承诺在股东特别大会上就其股份投票赞成有关决议案；及

（b）在股东特别大会上并无就有关收购事项之决议案投票，决议案未获股东通过；或

②若在股东特别大会前长江实业未能在本公告内载明的长江实业董事会推荐建议，或在股东特别大会前出现长江实业董事会推荐建议的改动，加上下列其中一项：

（a）股东特别大会未有足够时间举行，令收购事项得以于最后截止日期前完成；或

（b）在股东特别大会上并无就有关收购事项之决议案投票，决议案未获股东通过；或

③若任何董事或投标公司董事、李嘉诚先生或长江实业执行委员会任何成员于股东特别大会召开之日期或之前作出公开陈述，而该等陈述合理地可能对股东特别大会上通过有关收购事项之决议案具有负面影响，加上在股东特别大会上并无就有关收购事项之决议案投票，决议案未获股东通过。

然而，若（i）发生上述相关分手费事项时合作协议已予以终止；（ii）因目标公司重大违反其于合作协议项下的义务而导致相关分手费事项；或（iii）在发生相关分手费事项之前已出现目标公司推荐建议的负面改动，则将无须支付分手费。

五、重要意义

根据收购公告，长江实业董事认为，本收购项目将为长江实业投资者提供具吸引力的投资机会，长江实业将因此获利。本收购项目与长江实业全球多元化政策一致，并符合其投资准则。在收购协议生效后，长江实业预计将进一步扩展其

领域至其他业务范畴，并受惠于业务拓展所带来之稳定经常性收入，以及能巩固其在英国的持股权益。

根据目标公司截至 2019 年 4 月 28 日止 52 周经审核的财务报表显示，目标公司集团的除税后纯利润为 120 百万英镑（约合 1144 百万港元）。在此基础上可预期本收购项目将对长江实业的盈利产生正面影响。同时，若本次收购在 2019 年 6 月 30 日完成：（i）长江实业集团在 2019 年 6 月 30 日的资产总值将由约 476, 572 百万港元增加至约 510, 653 百万港元；及（ii）长江实业集团在 2019 年 6 月 30 日的负债总额将由约 126, 379 百万港元增加至约 160, 950 百万港元。由此，本次收购预期不会对集团的财务状况产生任何重大不利影响。

案例三

KKR 收购雷士照明

2019 年 8 月 11 日，雷士照明控股有限公司（以下简称雷士照明）公告了《有关出售雷士照明中国业务大部分权益（目标公司 70% 股权）的非常重大出售事项及建议宣派特别股息》（以下简称收购公告），KKR Asia Limited（以下简称 KKR）拟有条件地收购雷士照明控股有限公司直接或间接地控股的惠州雷士光电科技有限公司、香港蔚蓝芯光贸易有限公司、珠海耀辉科技有限公司（以下简称目标公司）。

目标公司主要从事雷士照明中国业务，对其 100% 股权的估值为人民币 5, 559, 010, 897 元。交割后，雷士照明及 KKR 将分别间接持有目标公司权益总额中的 30% 和 70%，而目标公司将不会计入雷士照明的综合财务报表。

一、交易方案

2019 年 8 月 10 日，雷士照明、耀能控股有限公司（以下简称耀能控股）、Lighting Holdings II Pte. Ltd.（新加坡）（以下简称控股公司）、Brilliant Lights International Holding Pte. Ltd.（新加坡）、Brilliant Lights（Finco）Pte. Ltd.（新加

坡）、Brilliant Lights Investment Pte. Ltd.（新加坡）（以下简称买方）及 KKR 订立股权购买协议，雷士照明及耀能控股有条件同意出售及买方有条件同意收购目标公司，而对目标公司 100% 股权的估值为人民币 5, 559, 010, 897 元。

在本公告发布之日，KKR 已拥有控股公司 100% 股权，而控股公司拥有买方 100% 股权。在交割时，买方将收购各目标公司的全部已发行股本。作为代价，买方将以现金支付的方式向雷士照明支付人民币 4, 611, 307, 628 元，且控股公司将向雷士照明发行按摊销基准计算的占控股公司已发行股本总额 30% 的控股公司新普通股。

二、交易背景

随着 LED 照明产品的全球市场渗透率的提高，以及涉外新兴市场的崛起，涉外市场已成为 LED 照明企业战略布局的新选。雷士照明已在欧洲、澳洲、中东、南美及东南亚建立销售及分销业务，并成功打入我国香港特别行政区、日本等照明市场。雷士照明认为，本次交易主要是出售雷士照明中国业务，属于业务优化策略的一环。交易完成后，雷士照明将主要从事（i）中国保留业务；（ii）中国 ODM 业务；以及（iii）涉外业务。雷士照明也可能与 KKR 达成协议将其业务扩展至以雷士品牌在中国生产、销售及分销的家用非照明产品及系统。

三、主要条款

根据2019 年8 月10 日雷士照明与 KKR 等各方签订的股权购买协议，协议约定的主要条款如下：

1. 先决条件

（1）股东在股东特别大会上批准股权购买协议及其项下拟进行的交易；

（2）根据股权购买协议所附的重组备忘录完成核心重组步骤；

（3）取得市场监管总局发出的反垄断审批；及

（4）目标集团自股权购买协议签订之日起并无任何重大不利变动。

2. 交割

交割将于 2019 年 12 月 12 日发生，前提是所有先决条件已于 2019 年 12 月 5 日或之前达成或获豁免，否则交割将于 2019 年 12 月 31 日发生，前提则为所有先决条件于 2019 年 12 月 20 日或之前达成或获豁免。

若任何条件并未于2019年12月20日或之前或订约方可能另行书面协定的较后日期达成或被豁免，则雷士照明或买方任何一方有权向其他各方发出书面通知以终止股权购买协议，前提是：

（1）若在截止日期或之前未满足反垄断条件，雷士照明有权将截止日期延迟最多3个月；及

（2）若在截止日期或之前未满足或豁免重组条件，买方有权将截止日期延迟最多3个月。

3. 预售重组

雷士照明将进行一系列预售重组的步骤，目的是根据保留业务与目标业务之间的划分，将完成交割后的雷士照明与目标集团之间的实体、资产及业务分开。除其他安排外，目标集团将向完成交割后的雷士照明转让仅与中国保留业务及涉外业务有关的商标，同时向保留集团授予永久免费许可，以便其可在中国保留业务中使用无法从目标集团组合中分离的商标。

4. 违约金/分手费

若雷士照明因下列原因而终止购股协议的，买方同意支付人民币3亿元的反向违约金：（i）交割时所有先决条件均已达成或获豁免，但买方未能履行其责任；或（ii）买方未能在2019年8月30日或之前向市场监管总局提交反垄断备案。若买方因交割时所有先决条件均已达成或获豁免，但雷士照明未能履行其责任而终止购股协议，则雷士照明同意向买方支付人民币3亿元的违约费。

5. 反尴尬

若交割因未达成股东批准条件而未能完成，且在股东特别大会之日起计6个月内雷士照明直接或间接地出售了3间目标公司中至少2间50%以上股份，则雷士照明须向买方支付1笔相等于第二项交易中股份价值半数涨幅70%的款项。

6. 不竞争

在交割日后的5年内，雷士照明不会并承诺促使保留集团的成员公司不会直接或间接地在中国进行、参与或从事任何目标业务或在其中拥有权益。但雷士照明及保留集团的任何成员公司可：（i）在交割日后满2年之日及之后，收购与目标业务小幅重叠的任何业务（竞争部分的营业额少于所收购业务营业额的30%）；（ii）收购不超过任何上市实体证券、股份或类似权益总额5%的该实体任何证券、股份或类似权益；（iii）在交割日期后满2年之日及之后，在中国成

立任何目标业务，且其70%的营业额来自生产或分销仅适用于中国以外市场的产品；及（iv）开展任何中国ODM业务。

四、重要意义

在本公告发布之日，雷士照明的总市值为2,959,096,454港元（约合人民币2,643,064,953元）。本次交易的总对价为人民币5,559,010,897元，其中现金对价为人民币4,611,307,628元。交割完成后，雷士照明将可以回报股东金额为约3,804,552,584港元（约合人民币3,398,226,368元）的特别股息。仅特别股息金额一项即为雷士照明全部市值的129%。经出售事项并作出特别股息后，雷士照明仍将保留控股公司及目标业务的30%权益。

现金对价为人民币4,611,307,628元，根据股权购买协议的约定可能有所调整。经扣除交易成本及税项，出售事项的估计所得款项净额将约为人民币4,277,078,750元，并拟用于以下用途：现金代价的约74%，即约人民币3,398,226,368元，用于向股东分派特别股息（按照在本公告发布之日的已发行股份总数计，特别股息不少于每股股份0.9港元）；及结余部分用于扩展涉外业务，其中包括建造涉外生产设施。

案例四

招商轮船

招商局能源运输股份有限公司（以下简称招商轮船）为国有控股的上市股份有限公司，经营范围主要为船舶危险品运输、能源领域投资、航海技术服务、船舶租赁等，目前主要从事原油、干散货、滚装、件杂货等海运业务。

2020年1月20日，招商轮船发布公告，其下属全资子公司CMES Bulker Holdings Inc.（以下简称CMES Bulker）拟以人民币1,602,334,600元从Sinotrans Shipowning Limited（以下简称SSOL公司）受让Double Strong International Limited（以下简称DS公司）100%的股权，同时CMES Bulker向SSOL公司偿

还 DS 公司应付股东借款人民币 3, 818, 838, 777 元；招商轮船下属全资子公司 CMES LNG Carrier Investment Inc.（以下简称 CMES LNG）以人民币 644, 944, 500 元从 SSOL 公司受让 Marine Peace Shipowning Limited（以下简称 MP 公司）100% 的股权，同时 CMES LNG 向 SSOL 公司偿还 MP 公司应付股东借款人民币 442, 425, 889 元；CMES Bulker 拟以人民币 56, 700, 400 元从中外运航运有限公司（以下简称中外运航运）受让 Sinotrans Ship Management Limited（以下简称 SSML 公司）100% 的股权；招商轮船拟以人民币 6, 081, 400 元从中国经贸船务有限公司（以下简称经贸船务）受让中外运航运（北京）有限公司（以下简称中外运北京）100% 股权。

招商轮船于 2020 年 1 月 20 日和 2 月 27 日分别召开第五届董事会第三十三次会议和 2020 年第一次临时股东大会，审议通过《关于向关联方收购 DS 等四家公司股权的关联交易的议案》，以现金方式收购关联方中外运航运下属 DS 公司、MP 公司、SSML 公司 100% 股权及收购关联方经贸船务下属中外运北京 100% 股权，并偿还 DS 公司、MP 公司应付股东借款。截至 2020 年 4 月 15 日，收购的标的资产过户手续全部办理完成。

一、交易背景

为解决同业竞争，增强公司经营实力，打造具有核心竞争力的世界一流航运企业，招商轮船董事会决策以现金收购的方式整合中外运航运旗下干散货船舶资产及亚马尔 LNG 运输项目股权，资产评估作价合计 65. 71 亿元人民币，收购资产包括：9 艘好望角型船舶、11 艘巴拿马型船舶、21 艘灵便型船舶，5 艘 ARC7 破冰级 LNG 运输船 25. 5% 股权，和持有 DOC 证书的中外运航运船舶管理有限公司等。预计收购完成后，将增强招商轮船原有好望角型队和灵便型船队实力，可大举进入以巴拿马船型为主力的粮食运输业务，增加 LNG 业务收益。

二、交易方案

招商轮船拟以现金支付方式收购招商局集团有限公司（以下简称招商局集团）下属经贸船务、中外运航运及其下属子公司 SSOL 公司拥有的 DS 公司、MP 公司、SSML 公司及中外运北京（以下简称标的公司）100% 的股权。交易的资金来源拟使用公司自有资金或境外银行借款。招商轮船第五届董事会第三十三次会议审议通过了《关于追加公司年度银行授信额度的议案》，同意向境外银行申请9亿美元授信额度用于此项目。

（1）招商轮船全资子公司CMES Bulker拟与SSOL公司签署《AGREEMENT for the sale and purchase of the entire issued share capital of and shareholder's loan due from DOUBLE STRONG INTERNATIONAL LIMITED》（以下简称DS股权转让协议），CMES Bulker以人民币1,602,334,600元从SSOL公司受让DS公司100%的股权，同时CMES Bulker向SSOL公司偿还DS公司应付股东借款人民币3,818,838,777元。本次交易涉及的DS公司股权权属清晰，不存在抵押、质押及其他任何限制转让的情况，涉及18件海事诉讼（其中DS作为被告的诉讼所涉损害赔偿责任均由相关保险最终承担），不涉及其他仲裁事项或查封、冻结等司法措施、不存在妨碍DS公司股权转让的其他情况，不涉及有优先受让权的其他股东。交易完成后，DS公司将成为招商轮船的全资子公司，其财务数据将并入公司合并财务报表内。

（2）招商轮船全资子公司CMES LNG拟与SSOL公司签署《AGREEMENT for the sale and purchase of the entire issued share capital of and shareholder's loan due from MARINE PEACE SHIPOWNING LIMITED》（以下简称MP股权转让协议），CMES LNG拟以人民币644,944,500元从SSOL公司受让MP公司100%的股权，同时CMES LNG向SSOL公司偿还MP公司应付股东借款人民币442,425,889元。此次交易涉及的MP公司股权权属清晰，不存在抵押、质押及其他任何限制转让的情况，不涉及诉讼、仲裁事项或查封、冻结等司法措施、不存在妨碍MP公司股权转让的其他情况，不涉及有优先受让权的其他股东。交易完成后，MP公司将成为招商轮船的全资子公司，其财务数据将并入公司合并财务报表内。

（3）CMES Bulker拟与中外运航运签署《AGREEMENT for the sale and purchase of the entire issued share capital of SINOTRANS SHIP MANAGEMENT LIMITED》（以下简称SSML股权转让协议），CMS Bulker拟以人民币56,700,400元从中外运航运受让SSML公司100%的股权。SSML公司股权权属清晰，不存在抵押、质押及其他任何限制转让的情况，不涉及诉讼、仲裁事项或查封、冻结等司法措施，不存在妨碍SSML公司股权转让的其他情况，不涉及有优先受让权的其他股东。交易完成后，SSML公司将成为招商轮船的全资子公司，其财务数据将并入招商轮船合并财务报表内。

（4）招商轮船拟与经贸船务签署股权转让协议（以下简称中外运北京股权转让协议），招商轮船拟以人民币 6,081,400 元受让经贸船务持有的中外运北京 100% 股权。中外运北京股权权属清晰，不存在抵押、质押及其他任何限制转让的情况，不涉及诉讼、仲裁事项或查封、冻结等司法措施，不存在妨碍中外运北京股权转让的其他情况，不涉及有优先受让权的其他股东。本次交易完成后，中外运北京将成为招商轮船的全资子公司，其财务数据将并入招商轮船合并财务报表内。

上述四份协议须经公司股东大会审议通过后生效并相应实施。交易的资金来源主要为公司自有资金或境外银行贷款。交易对方为 SSOL 公司、中外运航运、经贸船务，均为招商局集团实际控制的公司，按照《上海证券交易所股票上市规则》等相关规定，本次交易构成关联交易，但不构成《上市公司重大资产重组管理办法》规定的重大资产重组。

三、主要条款

（一）关于 DS 公司、MP 公司、SSML 公司 100% 的股权协议主要条款

1. 交易价格

CMES Bulker 以人民币 1,602,334,600.00 元的价格（以下简称 DS 股权转让价款）从 SSOL 公司受让 DS 公司 100% 的股权，同时 CMES Bulker 向 SSOL 公司偿还 DS 公司截至 2019 年 8 月 31 日应付股东借款人民币 3,818,838,777.17 元（与 DS 股权转让价款，以下统称 DS 交易价款）。如果在招商局集团资产评估报告备案过程中 DS 公司股权评估值进行调整的，双方同意根据上述调整相应调整 DS 股权转让价款。

CMES LNG 以人民币 644,944,500.00 元的价格（以下简称 MP 股权转让价款）从 SSOL 公司受让 MP 公司 100% 的股权，同时 CMES LNG 向 SSOL 公司偿还 MP 公司截至 2019 年 8 月 31 日应付股东借款人民币 442,425,889.00 元（与 MP 股权转让价款，以下统称 MP 交易价款）。如果在招商局集团资产评估报告备案过程中 MP 公司股权评估值进行调整的，双方同意根据上述调整相应调整 MP 股权转让价款。

CMES Bulker 以人民币 56,700,400.00 元的价格（以下简称 SSML 股权转让

价款）从中外运航运受让 SSML 公司 100% 的股权。如果在招商局集团资产评估报告备案程序中 SSML 公司股权评估值进行调整的，双方同意根据上述调整相应调整 SSML 股权转让价款。

上述 DS 交易价款、MP 交易价款以及 SSML 股权转让价款，统称“交易价款”。

2. 支付方式

拟以支票或银行本票的形式向交易对方支付交易价款。

3. 交割先决条件、交割期限及付款

（1）交割先决条件：

（a）自股权转让协议签订之日，未发生任何重大不利影响；

（b）未发生任何陈述与保证的违反，且该等违反对股权转让协议项下的交易整体而言属于重大；

（c）自股权转让协议签订之日起至交割日，每艘船舶应能安全漂浮，且不存在（i）实际或推定全损，或（ii）损害程度以致修理不经济或导致该船舶永久性不适宜正常使用（SSML 股权转让协议不包含该条款）；

（d）不存在政府实体发布、颁布或签署任何禁止或限制（或试图禁止或限制）股权转让协议项下交易的完成的禁止令或其他命令（不论是临时性、初步性的或永久性的）；

（e）受让方对目标集团的尽职调查的结果感到合理满意；

（f）招商轮船股东大会上批准股权转让协议及其项下的交易；

（g）招商轮船遵守了与股权转让协议及其项下的交易相关的所有《上海证券交易所股票上市规则》以及上海证券交易所或其他政府实体的法律法规所规定的要求；

（h）完成招商局集团的资产评估报告的备案程序。

若截至交割应需履行的先决条件（除非经受让方豁免）在 2020 年 3 月 31 日或其他双方约定的更晚日期仍未完成或被满足且未被受让方豁免的，双方在股权转让协议项下的权利和义务将自动失效并不再具有任何效力。在此情况下，受让方或转让方可以自行决定终止股权转让协议（约定在协议终止后继续有效的条款除外）。除因违反股权转让协议所载任何义务而引起的任何索赔外，双方均不得向另一方索赔。

（2）交割期限：

交割应在股权转让协议所约定的最后一个交割先决条件满足或被豁免（如适用）（或双方书面约定的其他日期）后一个月内的工作日上午 11：00（香港时间）之前进行。

（3）付款拟分两期支付交易价款：

第一期：在交割日，支付 50% 的交易价款；

第二期：在交割日后六（6）个月内，支付剩余 50% 的交易价款。

4. 过渡期损益

为确定标的资产在过渡期间的损益情况，在交割日后 6 个月内由具有证券从业资格的审计机构对标的资产在过渡期间的损益进行审计，并出具经审计的损益表。如标的资产在过渡期间实现盈利，则盈利部分为受让方所有；如标的资产在过渡期间内发生亏损，则由转让方在经审计的损益表出具之日起 30 个工作日内以现金方式向受让方补偿。为确定前述损益金额，双方同意若交割日为当月 15 日（含 15 日）之前的，则过渡期间损益审计截止日为上个日历月月末；若交割日为当月 15 日之后的，则过渡期间损益审计截止日为当个日历月月末。

5. 协议的生效

股权转让协议经协议交易双方签署生效。

6. 违约责任

若一方未履行其在股权转让协议中的任何重大义务，受让方（当转让方违约）或转让方（当受让方违约）有权在交割理应发生之日书面通知另一方：

（1）终止股权转让协议（约定在协议终止后继续有效的条款除外），前提是该方未因未履行股权转让协议中的任何重大义务而无权行使本条款项下的终止权利；

（2）考虑到已发生的违约的情况下，在切实可行的范围内进行交割；或者

（3）确定新的交割日期（不超过原定交割日后 30 个工作日）。

（二）关于中外运北京 100% 股权，协议主要条款如下：

1. 交易价格

根据资产评估报告，中外运北京于 2018 年 8 月 31 日的净资产评估值为人民币 608.14 万元（以下简称股权转让价款），该评估结果尚需按照国家法律法规履

行备案程序。双方同意以前述净资产评估值为基础，按中外运北京股权转让协议之约定转让标的股权，如果前述资产评估报告所列示的评估值在履行备案程序中有所调整，双方同意本次收购价款以履行备案程序后的评估值为准。

2. 支付方式

公司拟以现金向经贸船务支付股权转让价款。

3. 付款及交割期限

自中外运北京股权转让协议生效日起10个工作日内，招商轮船应向经贸船务支付全部股权转让价款。自中外运北京股权转让协议生效之日起10个工作日内，经贸船务应配合招商轮船及中外运北京，在中外运北京所在地工商行政管理部门办理交割手续。

4. 过渡期损益

为确定标的资产在过渡期间的损益情况，在交割日后6个月内由具有证券从业资格的审计机构对标的资产在过渡期间的损益进行审计，并出具经审计的损益表。如标的资产在过渡期间实现盈利，则盈利部分为受让方所有；如标的资产在过渡期间内发生亏损，则由转让方在经审计的损益表出具之日起30个工作日内以现金方式向受让方补偿。为确定前述损益金额，双方同意若交割日为当月15日（含15日）之前的，则过渡期间损益审计截止日为上个日历月月末；若交割日为当月15日之后的，则过渡期间损益审计截止日为当个日历月月末。

5. 协议的生效条件及生效时间

中外运北京股权转让协议自双方法定代表人或授权代表签署并加盖公章之日成立，并自以下条件全部满足之日起生效：

（1）本次交易已经经贸船务股东批准；

（2）本次交易已经招商轮船股东大会审议批准；

（3）中外运北京资产评估报告的评估结果已经招商局集团备案。

6. 违约责任

（1）中外运北京股权转让协议一经生效，双方必须自觉履行。除不可抗力因素外，如果任何一方未按协议规定，适当地全面履行义务、虚假陈述或违反中外运北京股权转让协议的保证及承诺，均构成违约，须依照法律和中外运北京股权转让协议的规定承担违约责任。

（2）违约方应依中外运北京股权转让协议约定和法律规定向守约方承担违约

责任，赔偿守约方因其违约行为而遭受的所有损失（包括但不限于律师费、诉讼费及调查取证费等），包括中外运北京股权转让协议履行后可以获得的利益，但不得超过违约方订立中外运北京股权转让协议时可以预见或应当预见的因违反中外运北京股权转让协议可能造成的损失；中外运北京股权转让协议另有约定从其约定。

（3）如因任何一方不履行或不及时履行、不适当履行中外运北京股权转让协议项下其应履行的任何义务，导致中外运北京股权转让协议目的无法达成的，守约方有权解除中外运北京股权转让协议，违约方给其他方造成损失的，应按中外运北京股权转让协议的约定承担赔偿责任。

四、重要意义

从 2020 年年度报告来看，收购结束后，至 2019 年年末，招商轮船共拥有（自有船）船舶 214 艘、3718.44 万载重吨，另有订单 13 艘、243.50 万载重吨，自有 VLCC 和 VLOC 船队规模继续保持世界第一。虽然 2020 年大国间博弈加剧，新冠肺炎疫情冲击全球经济，但公司第二季度营业收入有所上涨，财务状况稳健，也一直保有强健的资产负债表和现金流，综合资金成本及负债率维持在较低和合理水平。此次收购解决同业竞争，也为招商轮船打造具有核心竞争力的世界级航运企业、寻求内生增长和外延扩张提供了坚实的基础和优势。

附录 1

境外投资项目核准或备案申报文件格式文本

关于(项目名称)项目申请核准（或备案）的请示

国家发展改革委：

按照《企业境外投资管理办法》（国家发展改革委令第 11 号）有关规定，现将(项目名称)项目申请报告（或备案表）和有关附件提交你委。

请予以核准（或备案）。

附件：(项目名称)项目申请报告（或备案表）

申报单位名称或申报人姓名
（加盖单位公章或本人签名）
××××年××月××日

境外投资项目核准或备案申报文件填报指南

一、境外投资项目核准或备案申报文件格式文本是对申报文件内容和形式的一般要求，投资主体可以根据实际情况，对格式文本中所要求的内容作适当调整。

二、申报单位和投资主体不完全一致的，应在文件中说明申报单位和投资主体之间的关系。比如，投资主体是 A、B、C，申报单位是 A，则在文件中简要说明“投资主体 A、B、C 协商一致后由 A 作为申报单位”，同时附具 A、B、C 对此协商一致的证明材料。又如，投资主体是中央企业 A 的子公司 a，申报单位是 A，则在文件中简要说明“投资主体 a 的母公司 A 作为申报单位”。

三、申报文件应当抄送投资主体注册地（或个人户籍所在地）的省级政府发展改革部门（可通过网络系统抄送）。

附录 2

境外投资项目申请报告通用文本

(项目名称) 项目申请报告

一、投资主体情况

说明投资主体情况。多个投资主体联合开展境外投资的，应逐一说明各投资主体情况。

➢投资主体是境内企业的，应说明投资主体以下情况：

（一）基本信息。包括名称、注册地、注册资本、法定代表人（如有）、类型（国有及国有控股、民营及民营控股、外资、其他）、成立日期、经营范围、主营业务等。

（二）经营情况。近两年主要业务情况，资产、负债、收入、利润等主要财务指标。

（三）投资主体及其控股股东（或普通合伙人）直至其最终实际控制人的统一社会信用代码（如有）和近两年信用情况。包括投资主体及其控股股东（或普通合伙人）直至其最终实际控制人是否被列入境外投资违法违规行为记录、企业经营异常名录、严重违法失信企业名单、全国法院失信被执行人名单、重大税收违法案件当事人名单等（如被列入，则进一步说明有关情况）。比如，某项目的投资主体是境内公司制企业 A。A 的股东包括 A1（控股股东）及 B1。A1 是境内公司制企业，其控股股东是自然人 A2；B1 是境内公司制企业，其控股股东是自然人 B2。按照“逐层穿透”的原则，申报单位应填报 A、A1、A2 的统一社会信用代码（如有）和近两年信用情况。

➢投资主体是境内事业单位、社会团体等非企业组织的，应说明投资主体基本信息、运行情况（包括主要财务指标）、近两年信用情况。

➢投资主体是境内自然人的（境内自然人通过其控制的境外企业或我国香

港特别行政区、我国澳门特别行政区、我国台湾地区企业对境外开展投资），应说明投资主体以下情况：

（一）基本信息。包括姓名、户籍所在地、身份证号等。

（二）投资主体控制的主要境内企业情况。投资主体控制的境内企业较多的，应说明其中最主要的三家境内企业的基本信息和经营情况。

（三）投资主体近两年信用情况。包括投资主体是否被列入境外投资违法违规行为记录、全国法院失信被执行人名单、重大税收违法案件当事人名单等（如被列入，则进一步说明有关情况）。

➤项目涉及投资主体通过其控制的境外企业开展的，除说明投资主体上述情况外，还应说明该境外企业以下情况（涉及投资主体控制的多家境外企业的，应逐一说明有关企业情况。比如，境内企业 A 控制境外企业 B，B 控制境外企业 C，C 控制境外企业 D。A 通过 D 开展境外投资项目。按照“逐层穿透”的原则，应逐一说明 B、C、D 有关情况）：

（一）基本信息。包括名称、注册地、注册资本、法定代表人（如有）、类型、成立日期、经营范围、主营业务等。

（二）股权结构。包括前五大股东（境外企业为合伙制企业的，则为普通合伙人和前五大有限合伙人）的基本情况（如名称、国籍或注册地、持股比例等）。

（三）投资主体和境外企业的控制关系。比如，投资主体以何种方式控制该境外企业。

（四）经营情况。近两年主要业务情况，资产、负债、收入、利润等主要财务指标。

（五）近两年是否受到所在地行政、刑事处罚（如有，则说明有关情况）。

二、投资目的地

（一）投资直接目的地、最终目的地、其他有关国家和地区。目的地一般至少精确到一国的一级行政区（类似我国的省级行政区）。投资涉及多个国家和地区的，应说明具体投资路径。比如，境内企业 A 在甲国设立企业 a，由 a 在乙国设立企业 b，再由 b 和出售方签署关于收购丙国企业股权的协议，则投资主体应阐明整个投资路径，该项投资的直接目的地为甲国，最终目的地为丙国，其他有关国家和地区为乙国。

（二）投资目的地的投资环境情况（投资涉及多个国家和地区的，按投资路径逐一说明）。包括投资目的地与项目有关的政治和安全局势、法律法规、准入和监管政策、自然资源条件、基础设施状况、经济金融形势、社会文化环境等情况。重点阐述投资目的地政治和安全局势是否适合开展该项投资、投资目的地法律法规和政策是否禁止或限制开展该项投资等。

三、项目背景情况

（一）项目必要性。投资主体是境内企业或境内事业单位、社会团体等非企业组织的，说明项目与投资主体发展战略的关系、与投资主体国内外业务的关系、项目对投资主体的意义等。投资主体是境内自然人的，说明项目与投资主体控制的主要境内企业的关系、项目对投资主体的意义等。

（二）前期已经开展的工作情况。包括尽职调查、可行性研究、对外谈判、投资决策等情况。

（三）项目涉及的审批情况。包括项目涉及的国内外政府审批（如外资国家安全审查、市场准入、反垄断审查等）及有关审批的进展情况。

四、项目主要内容和规模

➢ 新建类项目

（一）建设内容和规模。包括建设地点、建设内容、建设规模、工程技术方案、建设期限和进度安排、主要产品规模和目标市场等。涉及资源开发的，应说明可开发资源量、品位、中方可获得的权益资源量及开发方案等。

（二）配套条件落实情况。包括项目用工、用地、用料情况及安排，道路、铁路、港口、能源供应等相关基础设施配套情况及安排；项目是否满足所在地技术、环保、能耗、安全等标准要求。

项目主要内容是新建境外企业（如新注册成立境外子公司或合资企业、新设或参股境外股权投资基金等），且尚不涉及新建生产线、并购资产等其他投资活动的，应说明拟建立的境外企业名称、注册地、注册资本、法定代表人（如有）、类型、经营范围等基本情况，对于配套条件落实情况的说明可以适当简化或省略。

➢ 并购类项目

（一）收购标的情况。股权收购类项目应包括被收购企业名称、注册地、注册资本、法定代表人（如有）、类型、经营范围等基本信息；主要股东名称、国籍或注册地、持股比例等基本情况；主要资产分布（行业领域和所在地）、生产经营情况、财务状况；上市情况及最新股市表现（如有）；被收购企业及其产品、技术、品牌等在同行业所处地位等。资产收购类项目应包括被收购资产的构成和分布（行业领域和所在地），资产所有者基本情况（主要所有者名称、国籍或注册地、持有比例等），专业中介机构确定的评估价或估值（如有）等。

（二）收购方案。包括收购标的、收购价格（说明估值定价方法及主要参数）、实施主体、交易方式、进度安排等情况，以及收购标的在收购前和收购后的追溯至最终实际控制人的股权架构图（可作为附件提交，股权架构图难以追溯至最终实际控制人的，投资主体应作出合理、充分的说明）。

五、项目投融资方案

（一）投资方案。包括项目总投资额、投资估算（包括投资估算金额、投资估算依据和有关说明）、中外各方出资金额和股比、出资形式、合资合作方式等。

（二）中方投资额及其构成。中方投资额是投资主体直接以及通过其控制的境外企业为项目投入的货币、证券、实物、技术、知识产权、股权、债权等资产、权益以及提供融资、担保的总额。逐一说明投资主体及其控制的境外企业的出资方式、出资金额、资金来源、实际使用币种和金额等。

（三）中方投资资金用途说明。包括资金用途和使用计划。

（四）项目财务评价。包括项目有关收入、利润、内部收益率、投资回收期等主要财务预测指标。

六、项目主要风险和防范应对措施

分析项目面临的政治、安全、经济、社会、环境等主要风险因素，并提出防范和应对措施。比如，项目是否面临投资所在地政局动荡、武装冲突、恐怖主义、非法征收等政治安全风险，防范和应对措施有哪些；项目是否面临经济金融风险，防范和应对措施有哪些；项目是否将引发所在地社会矛盾，防范和应对措施有哪些；项目是否将对所在地生态环境造成重大影响，防范和治理措施有哪些，等等。

七、项目对我国国家利益和国家安全的影响分析

分析评价项目对我国国家利益和国家安全的影响，包括积极、有利的影响，也包括消极、不利的影响。

（一）项目对行业发展的影响。比如，项目对所在行业技术进步、结构升级、国际竞争力提升有何影响；对上下游行业、关联行业发展有何影响；对我国产品、装备、技术、品牌、标准“走出去”有何影响。

（二）项目对宏观经济的影响。比如，项目对我国经济增长、物价稳定、充分就业、国际收支平衡等是否构成重大不利影响，对能源资源外部供应、基础设施互联互通等有何影响。

（三）项目对我国与有关国家关系的影响。比如，项目是否符合互利共赢、共同发展原则，对于共建“一带一路”有何影响，对于我国与有关国家经贸往来、人文交流有何影响。

（四）项目是否涉及我国禁止开展的境外投资（具体领域参见国办发〔2017〕74 号《关于进一步引导和规范境外投资方向的指导意见》），是否涉及我国禁止或限制出口的资源、产品、技术、服务等（如有，则进一步说明有关部门审批情况），是否对我国履行有关国际义务（如执行联合国安理会有关制裁决议等）构成重大不利影响，是否存在其他威胁我国国家利益和国家安全的情形。

八、其他事项

（一）开展项目的下一步工作计划。阐述投资主体履行完核准手续后，进一步推进项目的主要任务和进度安排。比如，计划 × 年 × 月开工、× 年 × 月完工；计划 × 年 × 月进行资产交割，等等。

（二）希望国家依法给予协助的事项（如有）。

（三）投资主体认为需要说明的其他情况（如有）。

九、附件清单

投资主体通过网络系统提交附件的，应提交有关文件的原件扫描件；通过纸质材料申报的，应提交有关文件的原件或复印件（加盖单位公章或本人签名）。项目实际情况特殊，难以提供有关附件的，投资主体应提供替代性材料，或者作出合理、充分的说明。

➢ 投资主体是境内企业的，项目申请报告应附具以下文件：

（一）投资主体注册登记证明文件。

（二）追溯至最终实际控制人的投资主体股权架构图。

（三）最新经审计的投资主体财务报表。

（四）投资主体投资决策文件。

（五）具有法律约束力的投资协议或类似文件。

（六）证明投资资金来源真实合规的支持性文件。

（七）境外投资真实性承诺书。

➢投资主体是境内事业单位、社会团体等非企业组织的，项目申请报告应附具以下文件。

（一）投资主体注册登记证明文件。

（二）最新经审计的投资主体财务报表。

（三）投资主体投资决策文件。

（四）具有法律约束力的投资协议或类似文件。

（五）证明投资资金来源真实合规的支持性文件。

（六）境外投资真实性承诺书。

➢投资主体是境内自然人的（境内自然人通过其控制的境外企业或我国香港特别行政区、我国澳门特别行政区、我国台湾地区企业对境外开展投资），项目申请报告应附具以下文件。

（一）投资主体身份证明文件。

（二）投资主体投资决策文件。

（三）具有法律约束力的投资协议或类似文件。

（四）境外投资真实性承诺书。

境外投资项目申请报告填报指南

根据《企业境外投资管理办法》有关规定，实行核准管理的范围是投资主体直接或通过其控制的境外企业开展的敏感类项目，投资主体应当通过网络系统向核准机关提交项目申请报告并附具有关文件。境外投资项目申请报告通用文本是对项目申请报告内容及附件的一般要求。投资主体在编写具体项目的申请报告时，可结合自身实际和项目情况，按照“实质重于形式”的原则，对通用文本所要求的内容进行适当调整。如果拟开展的项目不涉及有关内容的，可以在报告中作出合理、充分的说明后不再进行阐述。项目实际情况特殊，难以提供有关附件的，投资主体应提供替代性材料，或者作出合理、充分的说明。

全面了解和掌握投资主体情况和项目情况，是核准机关对项目进行分析评价以决定是否予以核准的前提和基础。核准机关主要从项目是否违反我国法律法规、是否违反有关规划或政策、是否违反我国缔结或参加的国际条约或协定、是否威胁或损害我国国家利益和国家安全等角度，对项目进行审查。投资主体通过对自身情况、投资目的地、项目主要内容和规模、项目投融资方案、项目对我国国家利益和国家安全的影响等内容的阐述，为核准机关分析判断项目是否符合核准条件提供依据。项目背景情况、配套条件落实情况、财务评价、主要风险分析等内容，仅供核准机关在核准审查过程中了解情况，不作为审查重点。

一、关于项目名称

项目名称，一般应包括投资主体（或投资主体控制的境外企业）、投资目的地和反映主要投资内容的关键词。比如，A 在甲国新建武器制造厂项目、A 通过 a 并购甲国 c 企业 50% 股权项目。

二、关于投资目的地

1. 直接目的地，在境外新建或并购的第一层级企业所在地。

2. 最终目的地，在境外新建或并购的最终层级企业所在地，一般是投资最终用于项目建设或企业经营的所在地。在并购项目中，最终目的地一般指被收购企业的注册地。如果被收购企业主要资产所在地或主要业务运营地与其注册地不一致的，应予以说明。根据项目实际情况，“直接目的地”和“最终目的地”可以相同或不同。

3. 其他有关国家和地区，并非直接目的地或最终目的地，但与本项目密切相关的国家和地区。比如，境内企业 A 在甲国设立企业 a，由 a 在乙国设立企业 b，再由 b 和出售方签署关于收购丙国企业股权的协议，则该项投资的直接目的地为甲国，最终目的地为丙国，其他有关国家和地区为乙国。

三、关于中方投资额及其构成

1. 中方投资额，投资主体直接以及通过其控制的境外企业为项目投入的货币、证券、实物、技术、知识产权、股权、债权等资产、权益以及提供融资、担保的总额。

2. 部分投融资结构复杂的项目，对一些中间环节的融资、担保金额，应按照“实质重于形式”的原则，结合项目实际特点，避免重复、多头计算。比如，某项目内容是收购价值 20 亿美元的资产（最终收购协议为 20 亿美元），投资主体A为境内企业，a为A控制的境外企业。形式上看，A投入（视为A直接为项目投入）的包括：①以自有资金出资5亿美元，②为a提供5亿美元股东贷款，③为a提供5亿美元担保；a投入（视为A通过a为项目投入）：④以自有资金出资5亿美元，⑤以借入资金（股东贷款）出资5亿美元（该笔资金由A提供股东贷款），⑥以借入资金（银行贷款）出资5亿美元（该笔贷款由A提供担保）。实质上看，②和⑤对应的是同一笔投资，③和⑥对应的是同一笔投资，因此，按照“实质重于形式”的原则，中方投资额为①+②+③+④=20亿美元，而非上述各项金额的简单累加（①+②+③+④+⑤+⑥=30亿美元）。其中，投资主体直接投入的金额为①+②+③=15亿美元。

四、关于投资主体注册登记证明文件

投资主体是境内企业或事业单位、社会团体等非企业组织的，应提供本项附件。

1. 投资主体是境内企业的，应提供营业执照或类似文件。投资主体是事业单位、社会团体等非企业组织的，应提供事业单位法人证书、社会团体法人登记证书或类似文件。

2. 项目涉及投资主体通过其控制的境外企业开展的，还应提供境外企业成立证书或类似文件。

3. 本项附件应提供原件扫描件或加盖单位公章的复印件。

五、关于投资主体身份证明文件

投资主体是境内自然人的，应提供本项附件。

1. 投资主体是境内自然人的，应提供居民身份证。

2. 项目涉及投资主体通过其控制的境外企业开展的，还应提供境外企业成立证书或类似文件。

3. 本项附件应提供原件扫描件或本人签名的复印件。

六、关于追溯至最终实际控制人的投资主体股权架构图

投资主体是境内企业的，应提供本项附件。

1. 投资主体股权架构图首先应披露投资主体的直接股东或合伙人（包括普通合伙人和有限合伙人）的基本信息（包括名称、国籍或注册地、持股或出资比例等，下同）。若投资主体为公司制企业，则披露持股比例前五大的股东和持股比例10%及以上的股东；若投资主体为合伙企业，则披露所有普通合伙人和出资比例前五大的有限合伙人。

2. 投资主体股权架构图其次应向上逐层追溯，直至最终实际控制人（最终实际控制人包括单一实际控制人，也包括共同实际控制人，一般应为自然人或国有控股实体）。比如，投资主体甲的控股股东 A1 为公司制企业，则向上追溯至 A1 的控股股东 A2，披露其基本信息。依此类推，直至最终实际控制人。又如，投资主体甲的控股股东 B1 为合伙制企业，则向上追溯至 B1 的普通合伙人 B2，披露其基本信息。如果 B2 是公司制企业，则向上追溯至 B2 的控股股东 B3；如果 B2 是合伙制企业，则向上追溯至 B2 的普通合伙人 B3。依此类推，直至最终实际控制人。在追溯过程中，没有控股股东的，应向第一大股东追溯，并向上逐层追溯直至其最终实际控制人。控股股东、第一大股东或普通合伙人的一致行动人应一并追溯。如果是通过协议（包括管理协议等）、信托或其他方式实现控制的，应标明控制方和控制方式，其中控制方也应向上逐层追溯，直至其最终实际控制人。最终实际控制人是自然人的，应标明其国籍。最终实际控制人是国有控股实体的，应标明履行相应出资人职责的政府部门。

3. 多个投资主体联合开展境外投资的，应提供各个投资主体追溯至最终实际控制人的投资主体股权架构图。

4. 投资主体股权架构图示例另见《追溯至最终实际控制人的投资主体股权架构图示例》。

5. 投资主体股权架构图应加盖单位公章。

6. 本项附件应提供原件扫描件或加盖单位公章的复印件。

七、关于最新经审计的投资主体财务报表

投资主体是境内企业或事业单位、社会团体等非企业组织的，应提供本项附件。

1. 投资主体应提供最新年度或半年度（日历年度或会计年度）、经审计的财务报表。

2. 项目涉及投资主体通过其控制的境外企业开展的，还应提供该境外企业最新年度或半年度、经审计的财务报表。

3. 投资主体（或其控制的境外企业）成立时间较短、无法提供经审计的财务报表的，应提供投资主体控股股东、普通合伙人或实际控制人最新经审计的财务报表。

4. 本项附件应提供原件扫描件或加盖单位公章的复印件。

八、关于投资主体投资决策文件

投资主体应提供本项附件。

1. 投资主体是境内企业的，应根据自身实际情况（如根据公司章程等公司治理制度），提供投资主体作出该项投资决策的有关文件。如董事会决议、投委会决议等。部分项目的投资决策权归属于投资主体控股股东或实际控制人，则应提供投资主体控股股东或实际控制人作出该项投资决策的有关文件。

2. 投资主体是境内事业单位、社会团体等非企业组织的，应根据自身实际情况，提供投资主体作出该项投资决策的有关文件。

3. 投资主体是境内自然人的，应提供投资主体作出该项投资决策的有关文件或书面说明。

4. 项目涉及投资主体通过其控制的境外企业开展的，还应提供境外企业董事会决议或类似投资决策文件。

5. 本项附件应提供原件扫描件或复印件（加盖单位公章或本人签名）。

九、关于具有法律约束力的投资协议或类似文件

投资主体应提供本项附件。

1. 投标、并购、合资、合作等项目，投资主体应提交具有法律约束力的投资协议或类似文件。

2. 项目实施前无法取得上述协议或类似文件的，投资主体作出合理、充分的说明后可以不提供本项附件。比如，某项目的内容是投资主体A在境外设立全资子公司a，不涉及对外签署合作协议。投资主体A在申报材料中对该情况作出合理、充分的说明后，可以不提供本项附件。

3. 本项附件应提供原件扫描件或复印件（加盖单位公章或本人签名）。

十、关于证明投资资金来源真实合规的支持性文件

投资主体应提供本项附件。投资主体应结合项目中方投资额及其构成，提供相应的证明投资资金来源真实合规的支持性文件。

1. 以自有资金出资的，应提供银行存款证明或类似文件。

2. 以证券、实物、技术、知识产权、股权、债权等资产权益出资的，应提供具备相应资质的会计师事务所、资产评估机构等中介机构出具的审计报告、资产评估报告或类似文件，或提供其他可证明有关资产权益价值的文件。

3. 涉及银行融资的，应提供银行出具的含融资金额的意向书或类似文件。

4. 以发行股票、债券等其他方式募集资金的，应提供相应的支持性文件或说明文件。

5. 本项附件应提供原件扫描件或加盖单位公章的复印件。

十一、关于境外投资真实性承诺书

投资主体应提供本项附件。

1. 投资主体应参照《境外投资真实性承诺书格式文本》提交承诺书。

2. 本项附件应提供原件扫描件或复印件（加盖单位公章或本人签名）。

附录 3

境外投资项目核准文件格式文本

国家发展改革委关于(项目名称) 项目核准的批复

(申报单位名称或申报人姓名):

报来(文件名、文号或日期) 收悉。经研究，现就核准事项批复如下:

一、根据《企业境外投资管理办法》(国家发展改革委令第 11 号)，同意实施(项目名称) 项目，项目代码: ________________。

二、项目投资主体如下:

列明投资主体名称，涉及多个投资主体的，逐一列明。

三、项目投资目的地如下:

列明投资的直接目的地和最终目的地，目的地一般精确至一国的一级行政区。

四、项目主要内容和规模如下:

列明项目主要内容和规模。

五、项目中方投资额如下:

列明中方投资额，以及各投资主体出资方式、出资金额等。

六、本批复自印发之日起 2 年内有效，请在有效期限内据此向有关部门依法申办相关手续。

七、项目实施过程中，按规定需要履行变更、延期等手续的，请及时向我委提出；发生重大不利情况的，请按规定向我委提交重大不利情况报告表；不得违反我国法律法规，不得威胁或损害我国国家利益和国家安全。项目完成的，请在项目完成之日起 20 个工作日内提交项目完成情况报告表。

八、其他事项（如有）:

根据有关法律法规和政策，结合项目实际情况，核准机关可以依法提出其他有关要求。

九、如对本批复持有异议，可以在收到本批复之日起60日内向我委申请行政复议，或者在6个月内向人民法院提起行政诉讼。

国家发展改革委

××××年××月××日

注：核准文件主送单位一般是申报单位或申报人；抄送单位一般包括项目各投资主体，商务、外汇、海关等有关部门，各投资主体注册地（或户籍所在地）的省级政府发展改革部门，以及其他需要抄送的单位。

附录4

境外投资项目备案表格式文本

境外投资项目备案表

项目代码：（网络系统自动赋码）

<table>
<tr><td colspan="2">一、项目名称</td><td colspan="5">（一般应包括投资主体、投资目的地和反映主要投资内容的关键词）</td></tr>
<tr><td colspan="7">二、投资主体情况（涉及多个投资主体的，参照以下格式，按出资额大小逐一填写）</td></tr>
<tr><td rowspan="8">投资主体</td><td>企业名称</td><td colspan="2"></td><td>信用代码</td><td colspan="2"></td></tr>
<tr><td>注册地址</td><td colspan="2"></td><td>注册资本</td><td colspan="2">万元</td></tr>
<tr><td>成立日期</td><td colspan="2"></td><td>企业类型</td><td colspan="2">（下拉菜单）</td></tr>
<tr><td>经营范围</td><td colspan="5"></td></tr>
<tr><td>近两年信用情况</td><td colspan="5"></td></tr>
<tr><td colspan="6">企业资产、经营状况（单位：万元人民币）</td></tr>
<tr><td>（最新）年末</td><td>总资产</td><td></td><td>净资产</td><td colspan="2"></td></tr>
<tr><td>（最新）年度</td><td>主营业务收入</td><td></td><td>净利润</td><td colspan="2"></td></tr>
<tr><td colspan="7">三、投资主体控制且本项目涉及的境外企业情况（如有）</td></tr>
<tr><td colspan="7">（项目不仅涉及投资主体直接投入资产、权益或提供融资、担保等，还涉及投资主体通过其控制的境外企业投入资产、权益或提供融资、担保的，说明该境外企业的基本信息、股权结构、经营情况等）</td></tr>
<tr><td colspan="2" rowspan="3">四、投资地点</td><td colspan="2">直接目的地</td><td colspan="3">（下拉菜单）　国　省（州、市）</td></tr>
<tr><td colspan="2">最终目的地</td><td colspan="3">（下拉菜单）　国　省（州、市）</td></tr>
<tr><td colspan="2">其他有关国家和地区</td><td colspan="3"></td></tr>
</table>

续表

<table>
<tr><td colspan="2">五、投资行业领域</td><td colspan="2">（下拉菜单）</td><td>六、投资方式</td><td>（下拉菜单）</td></tr>
<tr><td colspan="6">七、项目背景情况</td></tr>
<tr><td colspan="6">（项目必要性、前期已经开展的工作情况、项目涉及的审批情况等）</td></tr>
<tr><td colspan="6">八、项目主要内容和规模</td></tr>
<tr><td colspan="6">（新建类项目一般包括建设内容和规模、配套条件落实情况等；并购类项目一般包括收购标的情况、收购方案等）</td></tr>
<tr><td colspan="2" rowspan="2">九、项目总投资额</td><td>美元计价金额（万美元）</td><td></td><td>美元兑人民币汇率</td><td>（如6.5）</td></tr>
<tr><td>实际使用币种和金额为</td><td colspan="3">（如：×万美元，×万欧元）</td></tr>
<tr><td colspan="2" rowspan="2">十、中方投资额</td><td>美元计价金额（万美元）</td><td></td><td>美元兑人民币汇率</td><td>（如6.5）</td></tr>
<tr><td>实际使用币种和金额</td><td colspan="3">（如：×万美元，×万欧元）</td></tr>
<tr><td colspan="6">十一、中方投资额构成（逐一填写出资情况）</td></tr>
<tr><td>编号</td><td>企业名称</td><td>出资方式</td><td>来源</td><td>金额（万美元）</td><td>备注</td></tr>
<tr><td>①</td><td></td><td>（下拉菜单）</td><td>（下拉菜单）</td><td></td><td></td></tr>
<tr><td>②</td><td></td><td></td><td></td><td></td><td></td></tr>
<tr><td></td><td></td><td></td><td></td><td></td><td></td></tr>
<tr><td colspan="6">十二、中方投资的用途说明</td></tr>
<tr><td colspan="6">（说明中方投资的用途和使用计划）</td></tr>
</table>

续表

十三、其他企业出资情况（如有）
（除投资主体、投资主体控制的境外企业之外，项目还涉及其他企业或自然人出资的，说明有关企业或自然人的基本信息、出资金额和出资方式）
十四、项目主要风险及防范应对措施
（简要分析项目面临的政治、安全、经济、社会、环境等主要风险因素，并提出防范和应对措施）
十五、项目对我国国家利益和国家安全的影响分析
（分析评价项目对我国国家利益和国家安全的影响，包括积极、有利的影响，也包括消极、不利的影响。比如，项目对行业发展的影响、对宏观经济的影响、对我国与有关国家关系的影响、是否存在威胁或损害我国国家利益和国家安全的情形等）
十六、下一步工作计划
（阐述投资主体履行完备案手续后，进一步推进项目的主要任务和进度安排）
十七、希望国家依法给予协助的事项（如有）
十八、投资主体认为需要说明的事项（如有）
十九、附件清单
（一）投资主体注册登记证明文件；（二）追溯至最终实际控制人的投资主体股权架构图；（三）最新经审计的投资主体财务报表；（四）投资主体投资决策文件；（五）具有法律约束力的投资协议或类似文件；（六）证明投资资金来源真实合规的支持性文件；（七）境外投资真实性承诺书

联系人		单位		职务	
座机		手机		传真	
地址				电邮	

境外投资项目备案表填报指南

根据《企业境外投资管理办法》有关规定，备案管理的范围是投资主体直接开展的非敏感类项目，也即涉及投资主体直接投入资产、权益或提供融资、担保的非敏感类项目，投资主体应当通过网络系统向备案机关提交项目备案表并附具有关文件。投资主体在填报项目备案表时，如果拟开展的项目不涉及有关内容的，可以在“投资主体认为需要说明的事项”中作出合理、充分的说明后不再填报。投资主体通过网络系统提交附件的，应提交有关文件的原件扫描件；通过纸质材料申报的，应提交有关文件的原件或复印件（加盖单位公章）。项目实际情况特殊，难以提供有关附件的，投资主体应提供替代性材料，或者作出合理、充分的说明。除“附件清单”明确要求的附件之外，投资主体自主认为需要提交的材料，可以作为项目备案表附件一并提交。

一、关于项目名称

“项目名称”：一般应包括投资主体、投资目的地和反映主要投资内容的关键词。比如：A在甲国新建玩具制造厂项目、A并购甲国B企业50%股权项目。

二、关于投资主体情况

1. 项目涉及多个投资主体的，按出资额大小逐一填写各投资主体有关信息。

2. “企业名称”“信用代码”“注册地址”“注册资本”“成立日期”“企业类型”“经营范围”等信息：以投资主体营业执照或类似文件为准。

3. “近两年信用情况”：投资主体及其控股股东（或普通合伙人）直至其最终实际控制人的近两年信用情况。包括投资主体及其控股股东（或普通合伙人）直至其最终实际控制人是否被列入境外投资违法违规行为记录、企业经营异常名录、严重违法失信企业名单、全国法院失信被执行人名单、重大税收违法案件当事人名单等（如被列入，则进一步说明有关情况）。比如：某项目的投资主体是境内公司制企业A。A的股东包括A1（控股股东）及B1。A1是境内公司制企业，其控股股东是自然人A2；B1是境内公司制企业，其控股股东是自然人B2。按照“逐层穿透”的原则，申报单位应填报A、A1、A2的统一社会信用代码（如有）和近两年信用情况。

4. “总资产”“净资产”“主营业务收入”“净利润”等信息：以投资主体最新经审计的财务报表为准。

三、关于投资主体控制且本项目涉及的境外企业情况

如果项目不仅涉及投资主体直接投入资产、权益或提供融资、担保等，还涉及投资主体通过其控制的境外企业投入资产、权益或提供融资、担保的，则说明该境外企业情况。比如：A是境内企业，a是A控制的境外企业。某项目的内容是收购价值3亿美元的境外资产（最终收购协议为3亿美元）。A投入自有资金2亿美元（视为A直接为项目投入2亿美元），a投入自有资金1亿美元（视为A通过其控制的境外企业a为项目投入1亿美元）。则该项目中方投资额为3亿美元，在该项目备案表中，“投资主体情况”一栏应填写A的情况，“投资主体控制且本项目涉及的境外企业”一栏应填写a的情况。需要说明的该境外企业情况主要包括：

1. 基本信息。包括企业名称、注册地、经营范围、注册资本等信息，以境外企业有关注册登记文件（如成立证书）为准。

2. 股权结构。前五大股东（境外企业为合伙制企业的，则为普通合伙人和前五大有限合伙人）的基本情况（名称、国籍或注册地、持股比例等）。

3. 投资主体和境外企业的控制关系。比如，投资主体以何种方式控制该境外企业。

4. 经营情况。近两年主要业务情况，资产、负债、收入、利润等主要财务指标。

5. 近两年是否受到所在地行政、刑事处罚（如有，则进一步说明有关情况）。

四、关于投资地点

1. “直接目的地”：在境外新建或并购的第一层级企业所在地。

2. “最终目的地”：在境外新建或并购的最终层级企业所在地，一般是投资最终用于项目建设或企业经营的所在地。在并购项目中，最终目的地一般指被收购企业的注册地；如果被收购企业主要资产所在地或主要业务运营地与其注册地不一致的，应在“投资主体认为需要说明的事项”中予以说明。根据项目实际情况，“直接目的地”和“最终目的地”可以相同或不同。

3. “其他有关国家和地区”：并非直接目的地或最终目的地，但与本项目密切相关的国家和地区。比如：境内企业 A 在甲国设立企业 a，由 a 在乙国设立企业 b，再由 b 和出售方签署关于收购丙国企业股权的协议，则该项投资的直接目的地为甲国，最终目的地为丙国，其他有关国家和地区为乙国。

4. 下拉菜单中没有相关国家或地区的，选择“其他”。

五、关于投资行业领域

1. 根据项目主要内容填写行业领域。项目横跨多个行业领域的，以实际投资占比最大的为准。

2. 凡是项目内容涉及敏感行业的，不论有关内容在中方投资额中占比多少，均应履行核准手续而非备案手续。

六、关于投资方式

1. 根据项目实际情况，选择“新建”、“并购”、“增资”或“其他”。

2. 项目涉及多种投资方式的，以最主要的方式为准。比如，某项目的实质内容为投资主体 A 并购境外企业 B 的部分股权，其中一个环节是 A 在境外新建特殊目的公司 C，则该项目的主要投资方式为并购而非新建。

七、关于项目背景情况

1. “项目必要性”：包括项目与投资主体发展战略的关系、与投资主体国内外业务的关系、项目对投资主体的意义等。

2. “前期已经开展的工作情况”：包括尽职调查、可行性研究、对外谈判、投资决策等情况。

3. “项目涉及的审批情况”：包括项目涉及的国内外政府审批（如外资国家安全审查、市场准入、反垄断审查等）及有关审批的进展情况。

八、关于项目主要内容和规模

1. 新建类项目一般应阐述建设内容和规模、配套条件落实情况等。

（1）建设内容和规模：包括建设地点、建设内容、建设规模、工程技术方案、建设期限和进度安排、主要产品规模和目标市场等；涉及资源开发的，应说明可开发资源量、品位、中方可获得的权益资源量及开发方案等。

（2）配套条件落实情况：包括项目用工、用地、用料情况及安排，道路、铁路、港口、能源供应等相关基础设施配套情况及安排；项目是否满足所在地技术、环保、能耗、安全等标准要求。

（3）项目主要内容是新建境外企业（如新注册成立境外子公司或合资企业

等），且尚不涉及新建生产线、并购资产等其他投资活动的，应说明拟建立的境外企业名称、注册地、注册资本、法定代表人（如有）、类型、经营范围等基本情况，对于配套条件落实情况的说明可以适当简化或省略。

2. 并购类项目一般应阐述收购标的情况和收购方案。

（1）收购标的情况。股权收购类项目应包括被收购企业名称、注册地、注册资本、法定代表人（如有）、类型、经营范围等基本信息；主要股东名称、国籍或注册地、持股比例等基本情况；主要资产分布（行业领域和所在地）、生产经营情况、财务状况；上市情况及最新股市表现（如有）；被收购企业及其产品、技术、品牌等在同行业所处地位等。资产收购类项目应包括被收购资产的构成和分布（行业领域和所在地），资产所有者基本情况（主要所有者名称、国籍或注册地、持有比例等），专业中介机构确定的评估价或估值（如有）等。

（2）收购方案。包括收购标的、收购价格（说明估值定价方法及主要参数）、实施主体、交易方式、进度安排等情况，以及收购标的在收购前和收购后的追溯至最终实际控制人的股权架构图（可作为附件提交；股权架构图难以追溯至最终实际控制人的，投资主体应作出合理、充分的说明）。

3. 以上是对填写内容及深度的一般要求，核心是要求投资主体阐明项目的实质内容。如果拟开展的项目不涉及其中有关内容，可以不作阐述，但不得故意隐瞒项目实质内容，特别是涉及敏感国家和地区、敏感行业的内容。

九、关于项目总投资额

根据项目实际情况填写总投资额。比如：境内企业 A 和境外企业 B 联合收购境外企业 C 价值 4 亿美元的股权，且 A 和 B 没有控制关系，A 的实际控制人为境内自然人甲，B 的实际控制人为境外自然人乙。A 出资 2 亿美元，B 出资 2 亿美元。则项目总投资额为 4 亿美元，中方投资额为 2 亿美元。

十、关于中方投资额

1. “中方投资额”是投资主体直接以及通过其控制的境外企业为项目投入的货币、证券、实物、技术、知识产权、股权、债权等资产、权益以及提供融资、担保的总额。

2. 部分投融资结构复杂的项目，对一些中间环节的融资、担保金额，应按照“实质重于形式”的原则，结合项目实际特点，避免重复、多头计算。比如：某项目内容是收购价值 20 亿美元的资产（最终收购协议为 20 亿美元），投资主体 A 为境内企业，a 为 A 控制的境外企业。形式上看，A 投入（视为 A 直接为项目投入）：①以自有资金出资 5 亿美元，②为 a 提供 5 亿美元股东贷款，③为 a 提供 5 亿美元担保；a 投入（视为 A 通过 a 为项目投入）：④以自有资金出资 5 亿美元，⑤以借入资金（股东贷款）出资 5 亿美元（该笔资金由 A 提供股东贷款），⑥以借入资金（银行贷款）出资 5 亿美元（该笔贷款由 A 提供担保）。实质上看，②和⑤对应的是同一笔投资，③和⑥对应的是同一笔投资，因此，按照“实质重于形式”的原则计算，中方投资额为① + ② + ③ + ④ = 20 亿美元，而非上述各项金额的简单累加（① + ② + ③ + ④ + ⑤ + ⑥ = 30 亿美元）。其中，投资主体直接投入的金额为① + ② + ③ = 15 亿美元。

十一、关于中方投资额构成

1. 根据中方投资额实际构成，逐一填写各投资主体、投资主体控制的境外企业（如有）的出资情况。

2. “企业名称”：填写实际出资的企业名称。

3. “出资方式”：包括货币、证券、实物、技术、知识产权、股权、债权、提供融资（如股东贷款）、提供担保（如内保外贷）、其他。选择“其他”的，应在该行最后一列“备注”中说明。

4. “来源”：选填境内自有、境内其他、境外自有或境外其他。选择“境内其他”或“境外其他”的，应在该行最后一列“备注”中说明具体来源，比如：股东贷款、银行贷款、境内发债、境外发债、境内发行股份，等等。

5. “金额”：填写有关资产、权益、融资、担保等折合成美元后的金额。

6. 同一企业以不同方式、不同来源为项目投入资产、权益或提供融资、担保等的，按不同方式、不同来源逐一分行填写。比如：某项目的内容是收购价值 6 亿美元的境外资产。投资主体 A 为境内企业，a 为 A 控制的境外企业。形式上看，A 投入（视为 A 直接为项目投入）：①境内自有资金 1 亿美元，②境内银行贷款 1 亿美元，③境内发债募集 1 亿美元，④境内实物（装备）价值 1 亿美元，⑤利用境内自有资金为 a 提供股东贷款 1 亿美元，⑥利用境内资产为 a 提供担保 1 亿美元；a 投入（视为 A 通过 a 为项目投入）：⑦境内贷款 1 亿美元（该笔资金由 A 利用境内自有资金提供股东贷款），⑧境外银行贷款 1 亿美元（该笔资金由 A 在境内提供担保、银行境外放款）。实质上看，⑤和⑦对应的是同一笔投资，⑥和⑧对应的是同一笔投资，按照“实质重于形式”的原则计算，中方投资额为

6亿美元。在填写中方投资额构成时，对A的出资情况应当根据项目实际情况逐一填写6行，分别是：①A-货币-境内自有-10000，②A-货币-境内其他-10000，在“备注”中注明“银行贷款”，③A-货币-境内其他-10000，在“备注”中注明“境内发债”，④A-实物-境内自有-10000，在“备注”中注明“装备”，⑤A-融资-境内自有-10000，在“备注”中注明“为a提供股东贷款”，⑥A-担保-境内自有-10000，在“备注”中注明“为a提供担保”。对a的出资情况应逐一填写2行，分别是：⑦a-货币-境内其他-10000，在“备注”中注明“由A提供股东贷款，与⑤对应”，⑧a-货币-境外其他-10000，在“备注”中注明“银行贷款，由A提供担保，与⑥对应”。

十二、关于中方投资的用途说明

说明中方投资的用途（资金去向）和使用计划。

十三、关于其他企业出资情况

除投资主体、投资主体控制的境外企业之外，项目还涉及其他企业或自然人出资的，说明有关企业或自然人的基本信息、出资金额和出资方式。比如：境内企业A和境外企业B联合收购境外企业C价值4亿美元的股权，且A和B没有控制关系，A的实际控制人为境内自然人甲，B的实际控制人为境外自然人乙。A出资2亿美元，B出资2亿美元。则项目总投资额为4亿美元，中方投资额为2亿美元，“其他企业出资情况”一栏应填写B的基本信息、出资金额和出资方式。

十四、关于项目主要风险及防范应对措施

简要分析项目面临的政治、安全、经济、社会、环境等主要风险因素，并提出防范和应对措施。比如：项目是否面临投资所在地政局动荡、武装冲突、恐怖主义、非法征收等政治安全风险，防范和应对措施有哪些；项目是否面临经济金融风险，防范和应对措施有哪些；项目是否将引发所在地社会矛盾，防范和应对措施有哪些；项目是否将对所在地生态环境造成重大影响，防范和治理措施有哪些，等等。

十五、关于项目对我国国家利益和国家安全的影响分析

分析评价项目对我国国家利益和国家安全的影响，包括积极、有利的影响，也包括消极、不利的影响。

1. 项目对行业发展的影响。比如：项目对所在行业技术进步、结构升级、国际竞争力提升有何影响，对上下游行业、关联行业发展有何影响，对我国产品、装备、技术、品牌、标准“走出去”有何影响。

2. 项目对宏观经济的影响。比如：项目对我国经济增长、物价稳定、充分就业、国际收支平衡等是否构成重大不利影响，对能源资源外部供应、基础设施互联互通等有何影响。

3. 项目对我国与有关国家关系的影响。比如：项目是否符合互利共赢、共同发展原则，对于共建“一带一路”有何影响，对于我国与有关国家经贸往来、人文交流有何影响。

4. 项目是否涉及我国禁止开展的境外投资（具体领域参见国办发〔2017〕74号《关于进一步引导和规范境外投资方向的指导意见》），是否涉及我国禁止或限制出口的资源、产品、技术、服务等（如有，则进一步说明有关部门审批情况），是否对我国履行有关国际义务（如执行联合国安理会有关制裁决议等）构成重大不利影响，是否存在其他威胁我国国家利益和国家安全的情形。

十六、关于下一步工作计划

阐述投资主体履行完备案手续后，进一步推进项目的主要任务和进度安排。比如：计划××××年××月开工、××××年××月完工；计划××××年××月进行资产交割，等等。

十七、关于投资主体注册登记证明文件

1. 投资主体是境内企业的，应提供营业执照或类似文件。投资主体是事业单位、社会团体等非企业组织的，应提供事业单位法人证书、社会团体法人登记证书或类似文件。

2. 如果项目不仅涉及投资主体直接投入资产、权益或提供融资、担保等，还涉及投资主体通过其控制的境外企业投入资产、权益或提供融资、担保的，还应提供该境外企业成立证书或类似文件。

3. 本项附件应提供原件扫描件或加盖单位公章的复印件。

十八、关于追溯至最终实际控制人的投资主体股权架构图

投资主体是境内企业的，应提供本项附件。投资主体是事业单位、社会团体等非企业组织的，可以不提供本项附件。

1. 投资主体股权架构图首先应披露投资主体的直接股东或合伙人（包括普通合伙人和有限合伙人）的基本信息（包括名称、国籍或注册地、持股或出资比例等，下同）。若投资主体为公司制企业，则披露持股比例前五大的股东和持股比例10%及以上的股东；若投资主体为合伙企业，则披露所有普通合伙人和出资比例前五大的有限合伙人。

2. 投资主体股权架构图其次应向上逐层追溯，直至最终实际控制人（最终实际控制人包括单一实际控制人，也包括共同实际控制人，一般应为自然人或国有控股实体）。比如：投资主体甲的控股股东A1为公司制企业，则向上追溯至A1的控股股东A2，披露其基本信息。以此类推，直至最终实际控制人。又如，投资主体甲的控股股东B1为合伙制企业，则向上追溯至B1的普通合伙人B2，披露其基本信息。如果B2是公司制企业，则向上追溯至B2的控股股东B3；如果B2是合伙制企业，则向上追溯至B2的普通合伙人B3。依此类推，直至最终实际控制人。在追溯过程中，没有控股股东的，应向第一大股东追溯，并向上逐层追溯直至其最终实际控制人。控股股东、第一大股东或普通合伙人的一致行动人应一并追溯。如果是通过协议（包括管理协议等）、信托或其他方式实现控制的，应标明控制方和控制方式，其中控制方也应向上逐层追溯，直至其最终实际控制人。最终实际控制人是自然人的，应标明其国籍。最终实际控制人是国有控股实体的，应标明履行相应出资人职责的政府部门。

3. 多个投资主体联合开展境外投资的，应提供各个投资主体追溯至最终实际控制人的投资主体股权架构图。

4. 投资主体股权架构图示例另见《追溯至最终实际控制人的投资主体股权架构图示例》。

5. 投资主体股权架构图应加盖单位公章。

6. 本项附件应提供原件扫描件或加盖单位公章的复印件。

十九、关于最新经审计的投资主体财务报表

1. 投资主体应提供最新年度或半年度（日历年度或会计年度）、经审计的财务报表。

2. 投资主体成立时间较短、无法提供经审计的财务报表的，应提供投资主体控股股东、普通合伙人或实际控制人最新经审计的财务报表。

3. 本项附件应提供原件扫描件或加盖单位公章的复印件。

二十、关于投资主体投资决策文件

1. 投资主体是境内企业的，应根据自身实际情况（如根据公司章程等公司治理制度），提供投资主体作出该项投资决策的有关文件。如董事会决议、投委会决议等。部分项目的投资决策权归属于投资主体控股股东或实际控制人，则应提供投资主体控股股东或实际控制人作出该项投资决策的有关文件。

2. 投资主体是境内事业单位、社会团体等非企业组织的，应根据自身实际情况，提供投资主体作出该项投资决策的有关文件。

3. 本项附件应提供原件扫描件或加盖单位公章的复印件。

二十一、关于具有法律约束力的投资协议或类似文件

1. 投标、并购、合资、合作等项目，投资主体应提交具有法律约束力的投资协议或类似文件。

2. 项目实施前无法取得上述协议或类似文件的，投资主体作出合理、充分的说明后可以不提供本项附件。比如：某项目的内容是投资主体A在境外设立全资子公司a，不涉及对外签署合作协议。投资主体A在申报材料中对该情况作出合理、充分的说明后，可以不提供本项附件。

3. 本项附件应提供原件扫描件或加盖单位公章的复印件。

二十二、关于证明投资资金来源真实合规的支持性文件

投资主体应结合项目中方投资额及其构成，提供相应的证明投资资金来源真实合规的支持性文件。如果项目不仅涉及投资主体直接投入资产、权益或提供融资、担保等，还涉及投资主体通过其控制的境外企业投入资产、权益或提供融资、担保的，对于投资主体通过其控制的境外企业投入的部分（不涉及投资主体提供融资或担保等），有关支持性文件可以适当简化。

1. 以自有资金出资的，应提供银行存款证明或类似文件。

2. 以证券、实物、技术、知识产权、股权、债权等资产权益出资的，应提供具备相应资质的会计师事务所、资产评估机构等中介机构出具的审计报告、资产评估报告或类似文件，或提供其他可证明有关资产权益价值的文件。

3. 涉及银行融资的，应提供银行出具的含融资金额的意向书或类似文件。

4. 以发行股票、债券等其他方式募集资金的，应提供相应的支持性文件或说明文件。

5. 本项附件应提供原件扫描件或加盖单位公章的复印件。

二十三、关于境外投资真实性承诺书

1. 投资主体应参照《境外投资真实性承诺书格式文本》提交承诺书。

2. 本项附件应提供原件扫描件或加盖单位公章的复印件。

附录 5

境外投资项目备案通知书格式文本

境外投资项目备案通知书

发改办　　备〔　　〕第　　号

(申报单位名称)：

报来《关于(项目名称)项目申请备案的请示》(文号或日期)收悉。根据《企业境外投资管理办法》(国家发展改革委令第 11 号)，对(项目名称)项目(具体情况见背页)予以备案，项目代码：____________。本通知书有效期 2 年。

项目实施过程中，按规定需要履行变更、延期等手续的，请及时向我委提出；发生重大不利情况的，请按规定向我委提交重大不利情况报告表；不得违反我国法律法规，不得威胁或损害我国国家利益和国家安全。项目完成的，请在项目完成之日起 20 个工作日内提交项目完成情况报告表。

如对本通知书持有异议，可以在收到本通知书之日起 60 日内向我委申请行政复议，或者在 6 个月内向人民法院提起行政诉讼。

国家发展改革委办公厅

××××年××月××日

注：备案通知书主送单位一般是申报单位；抄送单位一般包括项目各投资主体，商务、外汇、海关等有关部门，各投资主体注册地的省级政府发展改革部门，以及其他需要抄送的单位。

一、项目名称		
二、投资主体	涉及多个投资主体的，逐一列明投资主体名称、信用代码（如有）等	
三、投资地点	直接目的地	一般精确至一国的一级行政区
	最终目的地	一般精确至一国的一级行政区

续表

<table>
<tr><td>四、项目总投资</td><td colspan="2">万美元</td></tr>
<tr><td rowspan="2">五、中方投资额</td><td>按美元计价的金额</td><td>如：×万美元/不超过×万美元</td></tr>
<tr><td>实际使用币种和金额</td><td>如：×万欧元/不超过×万欧元</td></tr>
<tr><td colspan="3">六、中方投资额构成</td></tr>
<tr><td colspan="3">一般应列明各投资主体的出资方式、出资金额和资金来源。如果项目不仅涉及投资主体直接投入资产、权益或提供融资、担保等，还涉及投资主体通过其控制的境外企业投入资产、权益或提供融资、担保的，则一般先列明投资主体的出资方式、出资金额和资金来源，同时简要列明投资主体控制的境外企业的出资情况（视为投资主体通过其控制的境外企业投入，该部分计入中方投资额）。比如：
（一）境内企业 A 投入货币×万美元（其中，自有资金×万美元），实物（或技术、股权、债权等）折合×万美元，提供融资×万美元，提供担保×万美元；
（二）境内企业 B 投入货币×万美元（其中，自有资金×万美元）；
（三）其余部分由境内企业 A 控制的境外企业 a 投入（视为 A 通过 a 投入，该部分计入中方投资额，但不从境内汇出）</td></tr>
<tr><td colspan="3">七、项目主要内容和规模</td></tr>
<tr><td colspan="3">列明项目的主要内容和规模</td></tr>
<tr><td colspan="3">八、备注</td></tr>
<tr><td colspan="3">列明备案机关认为需要说明或强调的内容</td></tr>
</table>

附录 6

境外投资项目变更申报文件格式文本

关于(项目名称)项目变更的请示

国家发展改革委：

(投资主体名称或姓名)于××××年××月××日取得(项目名称)项目(如有项目代码，则注明)核准文件(或备案通知书，注明文号)。现拟对项目进行变更，按照《企业境外投资管理办法》(国家发展改革委令第 11 号)有关规定，就有关事项说明如下：

一、项目基本情况

(一)项目核准或备案情况

经核准或备案的项目名称、投资主体、投资地点、主要内容和规模、中方投资额等信息。

(二)项目进展情况

项目自取得核准文件或备案通知书以来的进展情况。

二、拟变更事项

➤变更投资主体(如有)

(一)拟增加投资主体的：

1. 拟增加投资主体的原因。

2. 拟增加的投资主体情况。参照《境外投资项目申请报告通用文本》或《境外投资项目备案表格式文本》有关要求填写。

3. 增加投资主体之后的项目投融资方案。简要说明项目投资方案，中方投资额及其构成，中方投资额用途；重点说明拟增加的投资主体的出资金额、出资方式、资金来源等情况。

4. 拟增加投资主体的，应当附具有关文件：①项目核准文件或备案通知书；②该投资主体注册登记证明文件或身份证明文件；③追溯至最终实际控制人的该投资主体股权架构图（该投资主体非企业的除外）；④最新经审计的该投资主体财务报表（该投资主体是境内自然人的除外）；⑤该投资主体投资决策文件；⑥具有法律约束力的投资协议或类似文件；⑦证明该投资主体投资资金来源真实合规的支持性文件；⑧境外投资真实性承诺书。

（二）拟减少投资主体的：

1. 拟减少投资主体的原因。

2. 拟减少的投资主体情况。

3. 减少投资主体之后的项目投融资方案。说明项目投资方案，中方投资额及其构成，中方投资额用途等。

4. 拟减少投资主体的，应当附具有关文件：①项目核准文件或备案通知书；②该投资主体注册登记证明文件或身份证明文件；③该投资主体投资决策文件；④具有法律约束力的投资协议或类似文件；⑤因减少某个投资主体而造成其他投资主体出资额增加的，增加出资额的投资主体还应提供证明其投资资金来源真实合规的支持性文件；⑥境外投资真实性承诺书。

➢ 变更投资地点（如有）

投资最终目的地跨国调整的，视为开展新的项目，投资主体应按规定履行新项目有关核准或备案手续。除项目核准文件或备案通知书明确要求的之外，投资最终目的地在一国的一级行政区（类似我国的省级行政区）范围之内调整的，一般无须履行变更手续。投资最终目的地在一国范围之内、该国一级行政区之间调整的，视为投资地点发生重大变化。

1. 拟变更投资地点的原因。

2. 变更后的投资目的地情况。包括基本情况和投资环境情况（如投资目的地政治和安全状况是否适合开展该项目，投资目的地的法律法规和政策是否禁止或限制开展该项目）。

3. 投资地点变更对我国国家利益和国家安全的影响分析。

4. 变更投资地点的，应当附具有关文件：①项目核准文件或备案通知书；②投资主体投资决策文件；③具有法律约束力的投资协议或类似文件；④境外投资真实性承诺书。

➢ 变更主要内容和规模（如有）

项目主要内容和规模发生重大变化的，应说明以下情况。

1. 拟作的变更及原因。

2. 变更后的项目主要内容和规模。

3. 项目主要内容和规模变更后的投融资方案。

4. 项目主要内容和规模变更对我国国家利益和国家安全的影响分析。

5. 变更主要内容和规模的，应当附具有关文件：①项目核准文件或备案通知书；②投资主体投资决策文件；③具有法律约束力的投资协议或类似文件；④境外投资真实性承诺书。

➢ 变更中方投资额（如有）

中方投资额变化幅度达到或超过原核准、备案金额的20%，或中方投资额变化1亿美元及以上的，应说明以下情况。

1. 拟作的变更及原因。

2. 拟增加中方投资额的，说明增加的金额和构成（包括出资人、出资形式和资金来源等）。

3. 拟减少中方投资额的，说明减少的金额和构成；有关资金已经出境的，说明后续安排。

4. 变更后项目的中方投资额及构成、用途。

5. 变更中方投资额的，应当附具有关文件：①项目核准文件或备案通知书；②投资主体投资决策文件；③中外方签署的具有法律约束力的协议或类似文件；④拟增加中方投资额的，还应提供证明投资资金来源真实合规的支持性文件；⑤境外投资真实性承诺书。

➢ 变更其他重要事项

需要对项目核准文件或备案通知书有关内容进行重大调整的其他情形，投资主体应对拟变更的原因、拟变更的内容、该变更对我国国家利益和国家安全的影响等进行说明，并根据情况附具有关文件。

请对上述变更予以核准/备案。

附件：（列明附件序号和名称）

申报单位名称或申报人姓名
（加盖单位公章或本人签名）
××××年××月××日

境外投资项目变更申报文件填报指南

一、境外投资项目变更申报文件格式文本是对申报文件内容及附件的一般要求。投资主体在编写申报文件时，可结合自身和项目实际情况，对格式文本中所要求的内容进行适当调整，着重阐明为何变更、如何变更、变更有何影响等内容。涉及多个变更事项的，应逐一说明有关变更情况。

二、境外投资项目变更申报文件格式文本列出了变更有关事项应当附具的文件清单。有关文件的具体要求，可根据项目特点，参考《境外投资项目申请报告通用文本填报指南》或《境外投资项目备案表格式文本填报指南》。投资主体通过网络系统提交附件的，应提交有关文件的原件扫描件；通过纸质材料申报的，应提交有关文件的原件或复印件（加盖单位公章或本人签名）。项目实际情况特殊，难以提供有关附件的，投资主体应提供替代性材料，或者作出合理、充分的说明。投资主体自主认为需要提交的材料，可以作为附件一并提交。

附录 7

境外投资项目变更批复或通知格式文本

国家发展改革委关于同意(项目名称) 项目变更有关事项的批复

(申报单位名称或申报人姓名)：

报来(文件名及文号或日期) 收悉。(项目名称) 项目是我委于××××年××月××日以《国家发展改革委关于(项目名称) 项目核准的批复》(文号) 核准的项目。经研究，现就(项目名称) 项目申请变更有关事项批复如下：

一、根据《企业境外投资管理办法》（国家发展改革委令第 11 号），同意(项目名称) 项目的(投资主体、投资地点、主要内容和规模、中方投资额等拟变更事项) 由(变更前的内容) 变更为：(变更后的内容)。

二、其他事项仍按照《国家发展改革委关于(项目名称) 项目核准的批复》(文号) 执行。

三、如对本批复持有异议，可以在收到本批复之日起 60 日内向我委申请行政复议，或者在 6 个月内向人民法院提起行政诉讼。

国家发展改革委

××××年××月××日

国家发展改革委办公厅关于同意(项目名称) 项目变更有关事项的通知

(申报单位名称)：

报来(文件名及文号或日期) 收悉。(项目名称) 项目是我委于××××年××月××日以《境外投资项目备案通知书》(文号) 备案的项目。经研究，现就(项目名称) 项目申请变更有关事项通知如下：

一、根据《企业境外投资管理办法》（国家发展改革委令第 11 号），同意(项目名称) 项目的(投资主体、投资地点、主要内容和规模、中方投资额等拟变更事项）由（变更前的内容）变更为：（变更后的内容）。

二、其他事项仍按照《境外投资项目备案通知书》（文号）执行。

三、如对本通知持有异议，可以在收到本通知之日起 60 日内向我委申请行政复议，或者在 6 个月内向人民法院提起行政诉讼。

国家发展改革委办公厅

××××年××月××日

附录 8

境外投资项目延期申报文件格式文本

关于延长(项目名称)项目

核准文件（或备案通知书）有效期的请示

国家发展改革委：

(投资主体名称或姓名)于××××年××月××日取得(项目名称)项目（如有项目代码，则注明）核准文件（或备案通知书，注明文号），有效期至××××年××月××日。现申请延长核准文件（或备案通知书）有效期，按照《企业境外投资管理办法》（国家发展改革委令第 11 号）有关规定，就有关事项说明如下：

一、项目基本情况

（一）项目核准或备案情况

经核准或备案的项目名称、投资主体、投资地点、主要内容和规模、中方投资额等信息。

（二）项目进展情况

自取得核准文件或备案通知书以来的项目进展情况。

二、申请延期的原因

说明申请延长核准文件或备案通知书有效期的原因。

三、申请延期的时长

说明申请延长核准文件或备案通知书有效期的时间长度（比如申请延长有效期一年）。

请予以延长核准文件（或备案通知书）有效期。

附件：1. 投资主体注册登记证明文件或身份证明文件

2. 项目核准文件或备案通知书

3. 投资主体关于延期的有关投资决策文件

4. 境外投资真实性承诺书

申报单位名称或申报人姓名
（加盖单位公章或本人签名）
××××年××月××日

境外投资项目延期申报文件填报指南

一、境外投资项目延期申报文件格式文本是对申报文件内容及附件的一般要求。投资主体在编写申报文件时，可结合自身和项目实际情况，对格式文本中所要求的内容进行适当调整，着重阐明为何延期、延期多久等内容。

二、境外投资项目延期申报文件格式文本列出了应当附具的文件清单。有关文件的具体要求，可根据项目特点，参考《境外投资项目申请报告通用文本填报指南》或《境外投资项目备案表格式文本填报指南》。投资主体通过网络系统提交附件的，应提交有关文件的原件扫描件；通过纸质材料申报的，应提交有关文件的原件或复印件（加盖单位公章或本人签名）。项目实际情况特殊，难以提供有关附件的，投资主体应提供替代性材料，或者作出合理、充分的说明。投资主体自主认为需要提交的材料，可以作为附件一并提交。

附录9

境外投资项目延期批复或通知格式文本

国家发展改革委关于同意延长(项目名称)项目
核准文件有效期的批复

(申报单位名称或申报人姓名)：

报来(文件名及文号或日期)收悉。(项目名称)项目是我委于××××年××月××日以《国家发展改革委关于(项目名称)项目核准的批复》(文号)核准的项目，核准文件有效期至××××年××月××日。经研究，现就申请延长(项目名称)项目核准文件有效期批复如下：

一、根据《企业境外投资管理办法》(国家发展改革委令第11号)，同意延长(项目名称)项目核准文件有效期至××××年××月××日。

二、其他事项仍按照《国家发展改革委关于(项目名称)项目核准的批复》(文号)执行。

三、如对本批复持有异议，可以在收到本批复之日起60日内向我委申请行政复议，或者在6个月内向人民法院提起行政诉讼。

国家发展改革委

××××年××月××日

国家发展改革委办公厅关于同意延长
(项目名称)项目备案通知书有效期的通知

(申报单位名称)：

报来(文件名及文号或日期)收悉。(项目名称)项目是我委于××××年××月××日以《境外投资项目备案通知书》(文号)备案的项目，备案通知书有效期至×年×月×日。经研究，现就申请延长(项目名称)项目备案通知书有效期通知如下：

一、根据《企业境外投资管理办法》(国家发展改革委令第11号)，同意延长(项目名称) 项目备案通知书有效期至××××年××月××日。

二、其他事项仍按照《境外投资项目备案通知书》(文号) 执行。

三、如对本通知持有异议，可以在收到本通知之日起60日内向我委申请行政复议，或者在6个月内向人民法院提起行政诉讼。

国家发展改革委办公厅

××××年××月××日

附录 10

境外投资项目有关情况申报文件格式文本

关于境外投资项目有关情况的报告

国家发展改革委：

按照《企业境外投资管理办法》（国家发展改革委令第 11 号）有关规定，现将（大额非敏感类境外投资项目情况报告表、境外投资重大不利情况报告表、境外投资项目完成情况报告表）和有关附件提交你委。本单位（本人）承诺：提交的所有材料真实、合法，不存在虚假、误导性陈述和重大遗漏。

特此报告。

附件：（列明附件序号和名称）

申报单位名称或申报人姓名
（加盖单位公章或本人签名）
××××年××月××日

境外投资项目有关情况申报文件填报指南

一、根据《企业境外投资管理办法》第四十二条、第四十三条、第四十四条规定，投资主体应报告境外投资项目有关情况的（比如提交大额非敏感类境外投资项目情况报告表、境外投资重大不利情况报告表、境外投资项目完成情况报告表），可参照境外投资项目有关情况申报文件格式文本提交申报文件，并将有关报告表作为申报文件的附件一并提交。

二、境外投资项目有关情况申报文件格式文本是对申报文件内容和形式的一般要求，投资主体可以根据实际情况，对格式文本中所要求的内容作适当调整。

三、申报文件应当抄送投资主体注册地（或个人户籍所在地）的省级政府发展改革部门（可通过网络系统抄送）。

附录 11

大额非敏感类境外投资项目情况报告表格式文本

大额非敏感类境外投资项目情况报告表

项目代码：(网络系统自动赋码)

<table>
<tr><td colspan="2">一、项目名称</td><td colspan="5">（一般应包括投资主体、投资目的地、反映主要投资内容的关键词）</td></tr>
<tr><td colspan="7">二、投资主体情况（涉及多个投资主体的，参照以下格式逐一填写）</td></tr>
<tr><td rowspan="9">投资主体（企业）</td><td>企业名称</td><td colspan="2"></td><td>信用代码</td><td colspan="2"></td></tr>
<tr><td>注册地址</td><td colspan="2"></td><td>注册资本</td><td colspan="2">万元</td></tr>
<tr><td>成立日期</td><td colspan="2"></td><td>企业类型</td><td colspan="2">（下拉菜单）</td></tr>
<tr><td>经营范围</td><td colspan="5"></td></tr>
<tr><td>近两年信用情况</td><td colspan="5"></td></tr>
<tr><td colspan="6">企业资产、经营状况（单位：万元人民币）</td></tr>
<tr><td>(最新) 年末</td><td>总资产</td><td></td><td>净资产</td><td colspan="2"></td></tr>
<tr><td>(最新) 年度</td><td>主营业务收入</td><td></td><td>净利润</td><td colspan="2"></td></tr>
<tr><td rowspan="4">投资主体（自然人）</td><td>姓名</td><td colspan="2"></td><td>身份证号</td><td colspan="2"></td></tr>
<tr><td>户籍所在地</td><td colspan="5"></td></tr>
<tr><td>本人控制的主要境内企业情况</td><td colspan="5"></td></tr>
<tr><td>近两年信用情况</td><td colspan="5"></td></tr>
<tr><td colspan="7">三、投资主体控制且本项目涉及的境外企业情况（涉及多家的，参照以下格式逐一填写）</td></tr>
</table>

续表

<table>
<tr><td rowspan="9">境外企业</td><td>企业名称</td><td colspan="2"></td><td>注册地</td><td></td></tr>
<tr><td>经营范围</td><td colspan="2"></td><td>注册资本</td><td>万美元</td></tr>
<tr><td>成立过程</td><td colspan="4"></td></tr>
<tr><td>股权结构</td><td colspan="4">（前五大股东名称、国籍或注册地、持股比例等基本情况）</td></tr>
<tr><td>近两年信用情况</td><td colspan="4">（近两年是否受到所在地行政、刑事处罚。如有，则说明有关情况）</td></tr>
<tr><td colspan="5">企业资产、经营状况（单位：万美元）</td></tr>
<tr><td>（最新）年末</td><td>总资产</td><td></td><td>净资产</td><td></td></tr>
<tr><td>（最新）年度</td><td>主营业务收入</td><td></td><td>净利润</td><td></td></tr>
<tr><td colspan="5"></td></tr>
<tr><td rowspan="3">四、投资地点</td><td>直接目的地</td><td colspan="4">（下拉菜单） 国 省（州、市）</td></tr>
<tr><td>最终目的地</td><td colspan="4">（下拉菜单） 国 省（州、市）</td></tr>
<tr><td>其他有关国家和地区</td><td colspan="4"></td></tr>
<tr><td>五、投资行业领域</td><td colspan="2">（下拉菜单）</td><td>六、投资方式</td><td colspan="2">（下拉菜单）</td></tr>
<tr><td colspan="6">七、项目背景情况</td></tr>
<tr><td colspan="6">（简要说明项目必要性、前期已经开展的工作情况、项目涉及的审批情况等）</td></tr>
<tr><td colspan="6">八、项目主要内容和规模</td></tr>
<tr><td colspan="6">（简要说明项目主要内容和规模。新建类项目一般包括建设内容和规模；并购类项目一般包括收购标的情况、收购方案等）</td></tr>
<tr><td rowspan="2">九、项目总投资额</td><td>美元计价金额（万美元）</td><td colspan="2"></td><td>美元兑人民币汇率</td><td>（如6.5）</td></tr>
<tr><td>实际使用币种和金额</td><td colspan="4">（如：×万美元，×万欧元）</td></tr>
<tr><td rowspan="2">十、中方投资额</td><td>美元计价金额（万美元）</td><td colspan="2"></td><td>美元兑人民币汇率</td><td>（如6.5）</td></tr>
<tr><td>实际使用币种和金额</td><td colspan="4">（如：×万美元，×万欧元）</td></tr>
</table>

续表

<table>
<tr><td colspan="6">十一、中方投资额构成（项目涉及投资主体控制的多家境外企业的，逐一填写出资情况）</td></tr>
<tr><td>编号</td><td>企业名称</td><td>出资方式</td><td>来源</td><td>金额
（万美元）</td><td>备注</td></tr>
<tr><td>①</td><td></td><td>（下拉菜单）</td><td>（下拉菜单）</td><td></td><td></td></tr>
<tr><td>②</td><td></td><td></td><td></td><td></td><td></td></tr>
<tr><td></td><td></td><td></td><td></td><td></td><td></td></tr>
<tr><td colspan="6">十二、中方投资的用途说明</td></tr>
<tr><td colspan="6">（简要说明中方投资的用途和使用计划）</td></tr>
<tr><td colspan="6">十三、项目主要风险及防范应对措施</td></tr>
<tr><td colspan="6">（简要分析项目面临的政治、安全、经济、社会、环境等主要风险因素，并提出防范和应对措施）</td></tr>
<tr><td colspan="6">十四、项目对我国国家利益和国家安全的影响分析</td></tr>
<tr><td colspan="6">（分析评价项目对我国国家利益和国家安全的影响，包括积极、有利的影响，也包括消极、不利的影响。比如：项目对行业发展的影响、对宏观经济的影响、对我国与有关国家关系的影响、是否存在威胁或损害我国国家利益和国家安全的情形）</td></tr>
<tr><td colspan="6">十五、下一步工作计划</td></tr>
<tr><td colspan="6">（简要阐述进一步推进项目的主要任务和进度安排）</td></tr>
<tr><td colspan="6">十六、希望国家依法给予协助的事项（如有）</td></tr>
<tr><td colspan="6"></td></tr>
<tr><td colspan="6">十七、投资主体认为需要说明的事项（如有）</td></tr>
<tr><td colspan="6"></td></tr>
</table>

续表

十八、附件清单					
（一）投资主体注册登记证明文件或身份证明文件；（二）追溯至最终实际控制人的投资主体股权架构图；（三）投资主体控制的境外企业的注册登记证明文件					
联系人		单位		职务	
座机		手机		传真	
地址				电邮	

大额非敏感类境外投资项目情况报告表填报指南

根据《企业境外投资管理办法》有关规定，投资主体通过其控制的境外企业开展大额非敏感类项目的，投资主体应当在项目实施前通过网络系统提交大额非敏感类项目情况报告表，将有关信息告知国家发展改革委。大额非敏感类项目，是指中方投资额3亿美元及以上的非敏感类项目。比如：A是境内企业（或境内事业单位、社会团体等非企业组织，或境内自然人），a是A控制的境外企业。在A既不直接投入资产、权益，也不提供融资、担保等的情况下，a出资3亿美元（大额）在甲国（非敏感国家）新建一家玩具制造厂（非敏感行业），则该项投资属于投资主体A通过其控制的境外企业a开展的大额非敏感类项目，A应当在该项目实施前报告大额非敏感类境外投资项目情况。

如果项目涉及投资主体直接投入资产、权益或提供融资、担保等的，应当履行有关核准（敏感类）或备案（非敏感类）手续。比如：A是境内企业，a是A控制的境外企业。某项目的内容是收购价值4亿美元的境外资产（最终收购协议为4亿美元，不涉及敏感国家和地区，不涉及敏感行业）。在中方投资额（4亿美元）构成中：A投入自有资金1亿美元（视为A直接为项目投入1亿美元），a投入自有资金3亿美元（视为A通过其控制的境外企业a为项目投入3亿美元）。鉴于该项目涉及投资主体A直接投入资产、权益或提供融资、担保等，投资主体A应当就该项目履行备案手续，而非报告大额非敏感类境外投资项目情况。

投资主体报告大额非敏感类境外投资项目情况时，可参照境外投资项目有关情况申报文件格式文本形成申报文件，将大额非敏感类境外投资项目情况报告表作为申报文件的附件一并提交。投资主体在填报大额非敏感类境外投资项目情况报告表时，如果拟开展的项目不涉及格式文本中有关内容的，可以在“投资主体认为需要说明的事项”中作出合理、充分的说明后不再填写。投资主体通过网络系统提交报告表附件的，应提交有关文件的原件扫描件；通过纸质材料申报的，应提交有关文件的原件或复印件（加盖单位公章或本人签名）。项目实际情况特殊，难以提供有关附件的，投资主体应提供替代性材料，或者作出合理、充分的说明。除“附件清单”明确要求的附件之外，投资主体自主认为需要提交的材料，可以作为附件一并提交。

一、关于项目名称

“项目名称”：一般应包括投资主体、投资目的地、反映主要投资内容的关键词。比如：A 通过 a 在甲国新建玩具制造厂项目、A 通过 a 并购甲国 c 企业 50% 股权项目。

二、关于投资主体情况

1. 项目涉及多个投资主体的，逐一填写各投资主体情况。

2. 投资主体是境内企业的：

（1）“企业名称”“信用代码”“注册地址”“注册资本”“成立日期”“企业类型”“经营范围”等信息：以投资主体营业执照或类似文件为准。

（2）“近两年信用情况”：投资主体及其控股股东（或普通合伙人）直至其最终实际控制人的近两年信用情况。包括投资主体及其控股股东（或普通合伙人）直至其最终实际控制人是否被列入境外投资违法违规行为记录、企业经营异常名录、严重违法失信企业名单、全国法院失信被执行人名单、重大税收违法案件当事人名单等（如被列入，则进一步说明有关情况）。比如：某项目的投资主体是境内公司制企业 A。A 的股东包括 A1（控股股东）及 B1。A1 是境内公司制企业，其控股股东是自然人 A2；B1 是境内公司制企业，其控股股东是自然人 B2。按照“逐层穿透”的原则，申报单位应填报 A、A1、A2 的统一社会信用代码（如有）和近两年信用情况。

（3）“总资产”“净资产”“主营业务收入”“净利润”等信息：以投资主体最新经审计的财务报表为准。

3. 投资主体是境内自然人的（境内自然人通过其控制的境外企业或我国香港特别行政区、我国澳门特别行政区、我国台湾地区企业对境外开展投资）：

（1）“姓名”“身份证号”“户籍所在地”等信息：以居民身份证为准。

（2）“本人控制的主要境内企业情况”：包括本人控制的主要境内企业的基本信息和简要经营情况。投资主体控制的境内企业较多的，应说明其中最主要的三家境内企业的基本信息和经营情况。

（3）“近两年信用情况”：包括本人是否被列入境外投资违法违规行为记录、全国法院失信被执行人名单、重大税收违法案件当事人名单等（如被列入，则进一步说明有关情况）。

三、关于投资主体控制且本项目涉及的境外企业情况

1. 涉及投资主体控制的多个境外企业的，逐一填写各境外企业有关信息。

2. “企业名称”“注册地”“经营范围”“注册资本”等信息：以境外企业有关注册登记文件（如成立证书）为准。

3. “成立过程”：投资主体设立或收购该境外企业的时间及简要经过。

4. “股权结构”：前五大股东（境外企业为合伙制企业的，则为普通合伙人和前五大有限合伙人）的基本情况（名称、国籍或注册地、持股比例等）。

5. “近两年信用情况”：近两年是否受到所在地行政、刑事处罚（如有，则进一步说明有关情况）。

6. “总资产”“净资产”“主营业务收入”“净利润”等信息：以企业最新经审计的财务报表为准。

四、关于投资地点

1. “直接目的地”：在境外新建或并购的第一层级企业所在地。

2. “最终目的地”：在境外新建或并购的最终层级企业所在地，一般是投资最终用于项目建设或企业经营的所在地。在并购项目中，最终目的地一般指被收购企业的注册地；如果被收购企业主要资产所在地或主要业务运营地与其注册地不一致的，应在“投资主体认为需要说明的事项”中予以说明。根据项目实际情况，“直接目的地”和“最终目的地”可以相同或不同。

3. “其他有关国家和地区”：并非直接目的地或最终目的地，但与本项目密切相关的国家和地区。

4. 下拉菜单中没有相关国家或地区的，选择“其他”。

五、关于投资行业领域

1. 根据项目主要内容填写行业领域。项目横跨多个行业领域的，以实际投资占比最大的为准。

2. 凡是项目内容涉及敏感行业的，不论有关内容在项目总投资中占比多少，均应另行履行核准手续。

六、关于投资方式

1. 根据项目实际情况，选择“新建”“并购”“增资”或“其他”。

2. 项目涉及多种投资方式的，以最主要的方式为准。

七、关于项目背景情况

1. “项目必要性”：投资主体是境内企业或境内事业单位、社会团体等非企业组织的，简要说明项目与投资主体发展战略的关系、与投资主体国内外业务的关系、项目对投资主体的意义等。投资主体是境内自然人的，简要说明项目与投资主体控制的主要境内企业的关系、项目对投资主体的意义等。

2. “前期已经开展的工作情况”：简要说明尽职调查、可行性研究、投资决策等情况。

3. “项目涉及的审批情况”：简要说明项目涉及的有关政府审批（如外资国家安全审查、市场准入、反垄断审查等）及其进展情况。

八、关于项目主要内容和规模

1. 新建类项目一般应简要阐述建设内容和规模。

（1）建设内容和规模：包括建设地点、建设内容、建设规模、工程技术方案、建设期限和进度安排、主要产品规模和目标市场等。

（2）项目主要内容是新建境外企业（如新注册成立境外子公司或合资企业等），且尚不涉及新建生产线、并购资产等其他投资活动的，应简要说明拟建立的境外企业名称、注册地、注册资本、法定代表人（如有）、类型、经营范围等基本情况。

2. 并购类项目一般应简要阐述收购标的情况和收购方案。

（1）收购标的情况。股权收购类项目应包括被收购企业名称、注册地、注册资本、法定代表人（如有）、类型、经营范围等基本信息；主要股东名称、国籍或注册地、持股比例等基本情况；主要资产分布（行业领域和所在地）、生产经营情况、财务状况；上市情况及最新股市表现（如有）；被收购企业及其产品、技术、品牌等在同行业所处地位等。资产收购类项目应包括被收购资产的构成和分布（行业领域和所在地），资产所有者基本情况（主要所有者名称、国籍或注册地、持有比例等），专业中介机构确定的评估价或估值（如有）等。

（2）收购方案。包括收购标的、收购价格（说明估值定价方法及主要参数）、实施主体、交易方式、进度安排等情况。

九、关于项目总投资额

“项目总投资额”：根据项目实际情况填写总投资额。比如：A是境内企业或境内自然人，a是A控制的境外企业。B是境外甲国自然人，b是B全资控股的境外企业。a出资3亿美元（视为A通过a为项目投入3亿美元），b出资1亿美元，双方联合在境外乙国（非敏感国家）新建一家服装制造厂（非敏感行业）。则在该项投资当中，项目总投资额为4亿美元，其中，中方投资额为3亿美元。

十、关于中方投资额

“中方投资额”：投资主体直接以及通过其控制的境外企业为项目投入的货币、证券、实物、技术、知识产权、股权、债权等资产、权益以及提供融资、担保的总额。比如：A是境内企业或境内自然人，a是A控制的境外企业。在A既不直接投入资产、权益，也不提供融资、担保等的情况下，a出资3亿美元（大额）在甲国（非敏感国家）新建一家玩具制造厂（非敏感行业），则该项投资属于投资主体A通过其控制的境外企业a开展大额非敏感类项目，中方投资额为3亿美元。

十一、关于中方投资额构成

1. 逐一填写投资主体控制的各家境外企业的出资情况。

2. “企业名称”：填写实际出资的企业名称。

3. “出资方式”：包括货币、证券、实物、技术、知识产权、股权、债权、提供融资（如股东贷款）、提供担保、其他。选择“其他”的，应在该行最后一列“备注”中说明。

4. “来源”：选填自有或其他。选择“其他”的，应在该行最后一列“备注”中说明，如股东贷款、银行贷款、发行债券、发行股票等。

5. “金额”：填写有关资产、权益、融资、担保等折合成美元后的金额。

6. 同一企业以不同方式、不同来源为项目投入资产、权益或提供融资、担保等的，按不同方式、不同来源逐一分行填写。比如：某大额非敏感类项目当中，境内企业 A 控制的境外企业 a 以三种方式出资（视为 A 通过 a 为项目投入）：①自有资金 1 亿美元；②银行贷款 1 亿美元；③实物（装备）价值 1 亿美元。在填写中方投资额构成时，应分三行填写，分别是：①a－货币－自有－10000；②a－货币－其他－10000，在“备注”中注明“银行贷款”；③a－实物－自有－10000，在“备注”中注明“装备”。

十二、关于中方投资的用途说明

简要说明中方投资的用途（资金去向）和使用计划。

十三、关于项目主要风险及防范应对措施

简要分析项目面临的政治、安全、经济、社会、环境等主要风险因素，并提出防范和应对措施。比如：项目是否面临投资所在地政局动荡、武装冲突、恐怖主义、非法征收等政治安全风险，防范和应对措施有哪些；项目是否面临经济金融风险，防范和应对措施有哪些；项目是否将引发所在地社会矛盾，防范和应对措施有哪些；项目是否将对所在地生态环境造成重大影响，防范和治理措施有哪些，等等。

十四、关于项目对我国国家利益和国家安全的影响分析

分析评价项目对我国国家利益和国家安全的影响，包括积极、有利的影响，也包括消极、不利的影响。

1. 项目对行业发展的影响。比如：项目对我国有关行业技术进步、结构升级、国际竞争力提升有何影响。

2. 项目对宏观经济的影响。比如：项目对我国经济增长、物价稳定、充分就业、国际收支平衡等是否构成重大不利影响，对我国能源资源外部供应、周边基础设施互联互通等有何影响。

3. 项目对我国与有关国家关系的影响。比如：项目是否符合互利共赢、共同发展原则，对于共建“一带一路”有何影响，对于我国与有关国家经贸往来、人文交流是否构成重大不利影响。

4. 项目是否对我国履行有关国际义务（如执行联合国安理会有关制裁决议等）构成重大不利影响，是否存在其他威胁我国国家利益和国家安全的情形。

十五、关于下一步工作计划

简要阐述进一步推进项目的主要任务和进度安排。比如：计划××××年××月开工、××××年××月完工；计划××××年××月进行资产交割，等等。

十六、关于投资主体注册登记证明文件或身份证明文件

1. 投资主体是境内企业的，应提供营业执照或类似文件。投资主体是事业单位、社会团体等非企业组织的，应提供事业单位法人证书、社会团体法人登记证书或类似文件。投资主体是境内自然人的，应提供居民身份证。

2. 本项附件应提供原件扫描件或复印件（加盖单位公章或本人签名）。

十七、关于追溯至最终实际控制人的投资主体股权架构图

投资主体是境内企业的，应提供本项附件；投资主体是非企业组织或自然人的，无须提供本项附件。

1. 追溯至最终实际控制人的投资主体股权架构图的说明和示例，可参见《境外投资项目备案表格式文本》《追溯至最终实际控制人的投资主体股权架构图示例》。

2. 本项附件应提供原件扫描件或加盖单位公章的复印件。

十八、关于投资主体控制的境外企业的注册登记证明文件

1. 投资主体通过其控制的境外企业开展大额非敏感类项目的，应提供该境外企业的注册登记证明文件。

2. 本项附件应提供原件扫描件或加盖单位公章的复印件。

附录 12

境外投资重大不利情况报告表格式文本

境外投资重大不利情况报告表

项目代码：（如有）

<table>
<tr><td colspan="2">一、项目名称</td><td colspan="4"></td></tr>
<tr><td colspan="2">二、核准文件或备案通知书编号（如有）</td><td colspan="4"></td></tr>
<tr><td colspan="6">三、投资主体情况（涉及多个投资主体的，参照以下格式逐一填写）</td></tr>
<tr><td rowspan="7">投资主体（企业）</td><td>企业名称</td><td colspan="2"></td><td>信用代码</td><td></td></tr>
<tr><td>注册地址</td><td colspan="2"></td><td>注册资本</td><td>万元</td></tr>
<tr><td>成立日期</td><td colspan="2"></td><td>企业类型</td><td>（下拉菜单）</td></tr>
<tr><td>经营范围</td><td colspan="4"></td></tr>
<tr><td colspan="5">企业资产、经营状况（单位：万元人民币）</td></tr>
<tr><td>（最新）年末</td><td>总资产</td><td></td><td>净资产</td><td></td></tr>
<tr><td>（最新）年度</td><td>主营业务收入</td><td></td><td>净利润</td><td></td></tr>
<tr><td rowspan="2">投资主体（自然人）</td><td>姓名</td><td colspan="2"></td><td>身份证号</td><td></td></tr>
<tr><td>户籍所在地</td><td colspan="4"></td></tr>
<tr><td colspan="6">四、投资主体控制且本项目涉及的境外企业情况（涉及多家的，参照以下格式逐一填写）</td></tr>
</table>

续表

<table>
<tr><td rowspan="6">境外企业</td><td>企业名称</td><td colspan="2"></td><td>注册地</td><td colspan="2"></td></tr>
<tr><td>经营范围</td><td colspan="2"></td><td>注册资本</td><td colspan="2">万美元</td></tr>
<tr><td>股权结构</td><td colspan="5">（前五大股东名称、国籍或注册地、持股比例等基本情况）</td></tr>
<tr><td colspan="6">企业资产、经营状况（单位：万美元）</td></tr>
<tr><td>（最新）年末</td><td>总资产</td><td></td><td>净资产</td><td colspan="2"></td></tr>
<tr><td>（最新）年度</td><td>主营业务收入</td><td></td><td>净利润</td><td colspan="2"></td></tr>
<tr><td rowspan="3">五、投资地点</td><td colspan="2">直接目的地</td><td colspan="4">（下拉菜单）　　国　　省（州、市）</td></tr>
<tr><td colspan="2">最终目的地</td><td colspan="4">（下拉菜单）　　国　　省（州、市）</td></tr>
<tr><td colspan="2">其他有关国家和地区</td><td colspan="4"></td></tr>
<tr><td>六、投资行业领域</td><td colspan="2">（下拉菜单）</td><td colspan="2">七、投资方式</td><td colspan="2">（下拉菜单）</td></tr>
<tr><td rowspan="2">八、中方投资额</td><td colspan="2">美元计价金额（万美元）</td><td></td><td>美元兑人民币汇率</td><td colspan="2"></td></tr>
<tr><td colspan="2">实际使用币种和金额</td><td colspan="4">（如：×万美元、×万欧元）</td></tr>
<tr><td colspan="7">九、项目基本情况</td></tr>
<tr><td colspan="7">（简要阐述项目的主要内容和进展情况）</td></tr>
<tr><td colspan="7">十、重大不利情况概述</td></tr>
<tr><td colspan="7">（阐述重大不利情况的起因、时间、地点、有关人员、主要经过、已经或可能造成的不利影响）</td></tr>
<tr><td colspan="7">十一、已经采取的应对措施和效果</td></tr>
<tr><td colspan="7">（阐述企业已经采取的应对措施和效果，获得国家有关方面协助情况）</td></tr>
<tr><td colspan="7">十二、下一步应对方案</td></tr>
<tr><td colspan="7">（阐述应对不利情况的下一步工作方案）</td></tr>
</table>

续表

十三、需要国家依法给予协助的事项（如有）					
十四、投资主体认为需要说明的事项（如有）					
十五、附件清单					
投资主体注册登记证明文件或身份证明文件					
联系人		单位		职务	
座机		手机		传真	
地址				电邮	

境外投资重大不利情况报告表填报指南

根据《企业境外投资管理办法》有关规定，境外投资过程中发生外派人员重大伤亡、境外资产重大损失、损害我国与有关国家外交关系等重大不利情况的，投资主体应当在有关情况发生之日起 5 个工作日内通过网络系统提交重大不利情况报告表。投资主体报告境外投资重大不利情况时，可参照境外投资项目有关情况申报文件格式文本形成申报文件，将境外投资重大不利情况报告表作为申报文件的附件一并提交。

投资主体在填报境外投资重大不利情况报告表时，如果项目不涉及格式文本中有关内容的，可以在“投资主体认为需要说明的事项”中作出合理、充分的说明后不再填写。投资主体通过网络系统提交报告表附件的，应提交有关文件的原件扫描件；通过纸质材料申报的，应提交有关文件的原件或复印件（加盖单位公章或本人签名）。项目实际情况特殊，难以提供有关附件的，投资主体应提供替代性材料，或者作出合理、充分的说明。除“附件清单”明确要求的附件之外，投资主体自主认为需要提交的材料，可以作为附件一并提交。

一、关于应当报告的重大不利情况

建立境外投资重大不利情况报告制度的出发点是维护我国国家利益和国家安全。投资主体应当报告的重大不利情况主要包括：

（一）外派人员重大伤亡

境外投资涉及的中国籍员工死亡（含失踪）10人及以上，或重伤50人及以上。

（二）境外资产重大损失

1. 因投资所在地针对中国投资者的歧视性政策、不公平干预造成投资主体直接经济损失1亿美元及以上。

2. 因其他原因造成投资主体直接经济损失3亿美元及以上。

（三）损害我国与有关国家外交关系

1. 投资主体承担的我国与有关国家的政府间合作项目停滞30天及以上、直接经济损失1亿美元及以上或其他影响项目实施的重大问题。

2. 因贿赂、欺诈、侵权、不正当竞争、劳资纠纷、安全事故、环境事故等违反企业境外经营行为规范、违反投资所在地法律法规的行为，在投资所在地造成重大政治、社会或舆论影响。

（四）其他威胁或损害我国国家利益和国家安全的重大不利情况

二、关于境外投资重大不利情况报告表

境外投资重大不利情况报告表格式文本是对报告内容和形式的一般要求，投资主体可以根据实际情况，按照“实质重于形式”的原则，对有关格式进行适当调整。除格式文本中要求的内容和附件外，投资主体自主认为需要提交的材料，可以作为附件一并提交。

除上述“关于应当报告的重大不利情况”明确要求报告的情况之外，投资主体自主认为需要报告的不利情况，可以填报境外投资重大不利情况报告表。

附录 13

境外投资项目完成情况报告表格式文本

境外投资项目完成情况报告表

项目代码：（如有）

一、项目名称	
二、核准文件或备案通知书编号	
三、投资主体	
经核准或备案的投资主体	（列明名称或姓名、注册地或国籍、信用代码或身份证号）
实际实施项目的投资主体	（列明名称或姓名、注册地或国籍、信用代码或身份证号）
有关情况说明	
四、投资地点	
经核准或备案的投资地点	（包括直接目的地和最终目的地）
实际实施项目的投资地点	（包括直接目的地和最终目的地）
有关情况说明	
五、项目主要内容和规模	
经核准或备案的主要内容和规模	（以核准文件或备案通知书为准）
实际完成的主要内容和规模	
有关情况说明	

续表

<table>
<tr><td colspan="6">六、中方投资额</td></tr>
<tr><td colspan="3">经核准或备案的中方投资额</td><td colspan="3">（以核准文件或备案通知书为准）</td></tr>
<tr><td colspan="3">实际支出的中方投资额</td><td colspan="3"></td></tr>
<tr><td colspan="3">有关情况说明</td><td colspan="3"></td></tr>
<tr><td colspan="6">七、项目完成情况概述</td></tr>
<tr><td colspan="6">（阐述项目完成情况）</td></tr>
<tr><td colspan="6">八、已经实现或预计取得的成效</td></tr>
<tr><td colspan="6">（阐述项目已经实现或预计取得的成效）</td></tr>
<tr><td colspan="6">九、下一步工作计划（如有）</td></tr>
<tr><td colspan="6"></td></tr>
<tr><td colspan="6">十、需要国家依法给予协助的事项（如有）</td></tr>
<tr><td colspan="6"></td></tr>
<tr><td colspan="6">十一、投资主体认为需要说明的事项（如有）</td></tr>
<tr><td colspan="6"></td></tr>
<tr><td colspan="6">十二、附件清单</td></tr>
<tr><td colspan="6">（一）投资主体注册登记证明文件或身份证明文件；（二）项目核准文件或备案通知书；（三）证实项目完成的有关文件</td></tr>
<tr><td>联系人</td><td></td><td>单位</td><td></td><td>职务</td><td></td></tr>
<tr><td>座机</td><td></td><td>手机</td><td></td><td>传真</td><td></td></tr>
<tr><td>地址</td><td colspan="3"></td><td>电邮</td><td></td></tr>
</table>

境外投资项目完成情况报告表填报指南

根据《企业境外投资管理办法》有关规定，属于核准、备案管理范围的项目，投资主体应当在项目完成之日起20个工作日内通过网络系统提交项目完成情况报告表。投资主体报告境外投资项目完成情况时，可参照境外投资项目有关情况申报文件格式文本形成申报文件，将境外投资项目完成情况报告表作为申报文件的附件一并提交。

投资主体通过网络系统提交境外投资项目完成情况报告表附件的，应提交有关文件的原件扫描件；通过纸质材料申报的，应提交有关文件的原件或复印件（加盖单位公章或本人签名）。项目实际情况特殊，难以提供有关附件的，投资主体应提供替代性材料，或者作出合理、充分的说明。除“附件清单”明确要求的附件之外，投资主体自主认为需要提交的材料，可以作为附件一并提交。

一、关于有关情况说明

填报“投资主体”“投资地点”“项目主要内容和规模”“中方投资额”等内容时，项目实际实施情况与经核准或备案的内容不一致的，投资主体应在“有关情况说明”中作出说明。

二、关于项目完成情况概述

结合项目特点，阐述项目完成情况，如建设工程竣工、投资标的股权或资产交割、中方投资额支出完毕等基本情况。

三、关于已经实现或预计取得的成效

结合项目特点，可从经济、社会、文化、外交等角度，阐述项目已经实现或预计取得的成效。项目实施过程中积累的经验、所作的创新等也可简要介绍。

四、关于投资主体注册登记证明文件或身份证明文件

1. 投资主体是境内企业的，应提供营业执照或类似文件。投资主体是事业单位、社会团体等非企业组织的，应提供事业单位法人证书、社会团体法人登记证书或类似文件。投资主体是境内自然人的，应提供居民身份证。

2. 本项附件应提供原件扫描件或复印件（加盖单位公章或本人签名）。

五、关于项目核准文件或备案通知书

本项附件应提供原件扫描件或复印件（加盖单位公章或本人签名）。

六、关于证实项目完成的有关文件

1. 结合项目特点，提供可以证实项目已经完成的有关文件。比如：项目内容是新建境外企业的，应提供境外企业注册登记证明文件或类似文件；项目内容是新建境外固定资产的，应提供工程竣工验收文件或类似文件；项目是收购境外企业股权的，应提供股权完成交割的有关文件。

2. 本项附件应提供原件扫描件或复印件（加盖单位公章或本人签名）。

附录 14

追溯至最终实际控制人的投资主体股权架构图示例

示例一：投资主体为公司

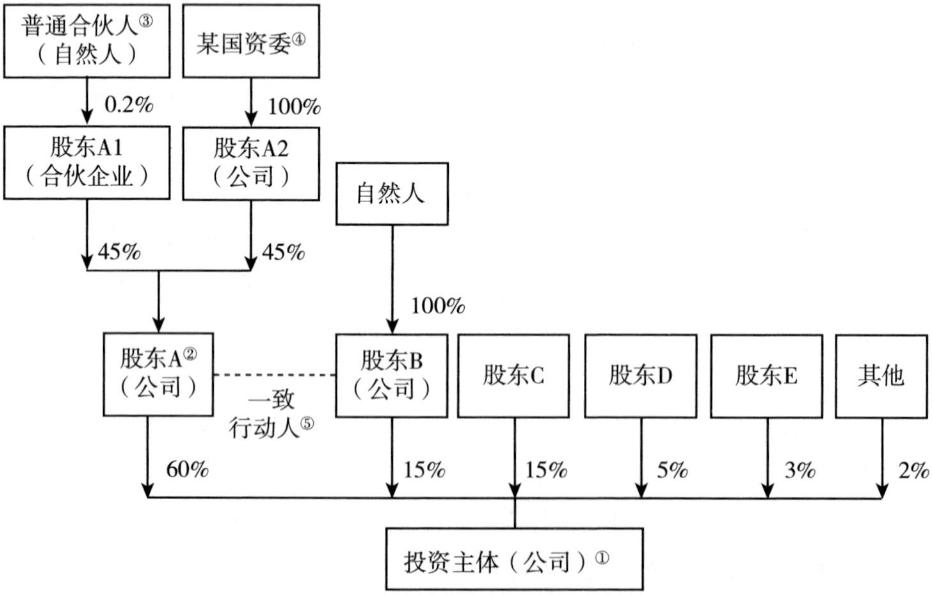

① 投资主体为公司制企业，应披露持股比例前五大的股东和持股比例10%及以上的股东，其余股东用其他表示（如有代持或协议控制等控制情形的，应同时披露控制方和控制方式，下同）。

② 投资主体的控股股东A为公司制企业，向上追溯A的控股股东，A没有控股股东，应追溯其第一大股东，A1和A2均为A的并列第一大股东，应同时追溯。

③ 股东A1为合伙制企业，向上追溯A1的普通合伙人，该普通合伙人为自然人，披露该自然人后，不再向上追溯。

④ 股东A2为公司制企业，其控股股东为某国资委，披露后不再向上追溯。

⑤ 股东B和股东A是一致行动人，应一并追溯股东B的控股股东，直至最终实际控制人。

* 相关实体或个人是境外实体或自然人的，应注明其注册地或国籍。我国香港特别行政区、澳门特别行政区、台湾地区实体或自然人也应相应注明。

示例二：投资主体为合伙企业

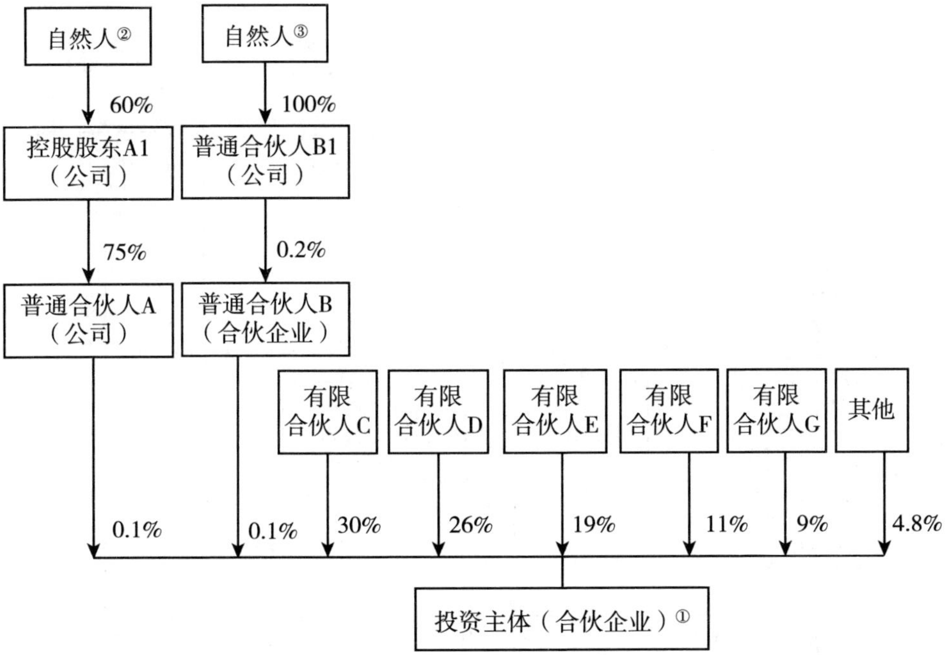

① 投资主体为合伙企业，应披露所有普通合伙人和出资比例前五大的有限合伙人，其余有限合伙人用其他表示（如有代持或协议控制等控制情形的，应同时披露控制方和控制方式，下同）。

② 普通合伙人A为公司制企业，向上追溯A的控股股东A1；A1为公司制企业，向上追溯A1的控股股东；A1的控股股东为自然人，披露该自然人后，不再向上追溯。

③ 普通合伙人B为合伙制企业，向上追溯B的普通合伙人B1；B1为公司制企业，其控股股东为自然人，披露该自然人后，不再向上追溯。

* 相关实体或个人是境外实体或自然人的，应注明其注册地或国籍。我国香港特别行政区、澳门特别行政区、台湾地区实体或自然人也应相应注明。

示例三：多个投资主体联合开展境外投资

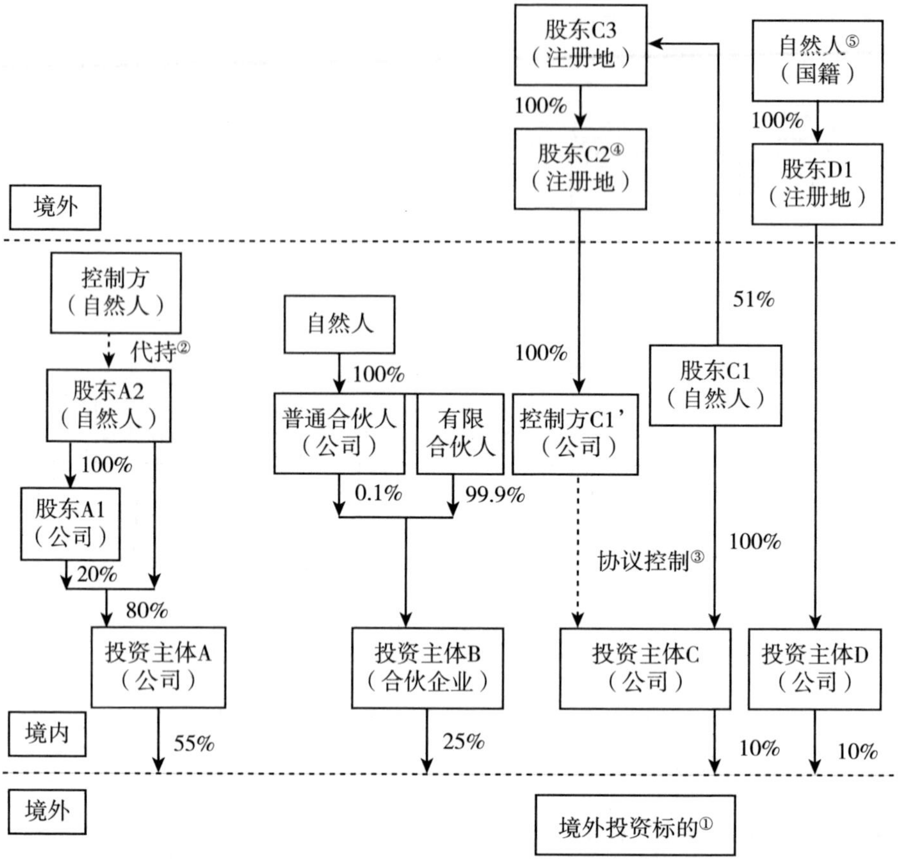

注：资主体可参照上述示例，结合实际情况，提供追溯至最终实际控制人的投资主体股权架构图，披露最终实际控制人的基本信息。如果股权架构图难以追溯至最终实际控制人的，投资主体应作出合理、充分的说明，并补充提供必要信息。

① 多个投资主体联合开展境外投资的，应提供各个投资主体追溯至最终实际控制人的投资主体股权架构图。

② 股东A2为自然人，原则上不再向上追溯，但控制方通过代持关系控制A2，因此，应进一步披露控制方和控制方式。

③ 投资主体C的唯一股东为自然人，但控制方C1'通过协议实际控制投资主体C，因此，应进一步披露控制方C1'和控制方式。

④ 控制方C1'的唯一股东C2为境外实体，应披露其注册地。

⑤ 投资主体D的最终实际控制人为境外自然人，应披露其国籍。

* 相关实体或个人是境外实体或自然人的，应注明其注册地或国籍。我国香港特别行政区、澳门特别行政区、台湾地区实体或自然人也应相应注明。

附录15

境外投资真实性承诺书格式文本

境外投资真实性承诺书

国家发展和改革委：

(投资主体名称或姓名)（以下称××）拟开展(项目名称)项目（以下简称本项投资）。为保证本项投资的顺利进行，××特此承诺如下：

××在履行(填写有关事项名称，如境外投资项目核准、备案、变更、延期等)等手续过程中，所提交的所有书面材料均真实有效，所有扫描件及复印件均与原件完全一致。××保证本项投资是真实存在的，投资决策程序符合有关规定，所有投资安排皆出于××的真实商业需求，不存在洗钱、虚假投资等违法违规行为。如果以上陈述有任何误导之处，××同意将××及本项投资决策人员（名单附后）纳入境外投资违法违规行为记录，录入全国信用信息共享平台，并承担由此导致的一切法律责任。

此致。

附件：本项投资决策人员签字单

单位名称或个人姓名
（加盖单位公章或本人签名）
××××年××月××日

附件

本项投资决策人员签字单

序号	姓名	职务	本人签名	身份证号
1				
2				
3				

续表

序号	姓名	职务	本人签名	身份证号
4				
5				
……				

境外投资真实性承诺书填报指南

一、按照《企业境外投资管理办法》有关规定，投资主体应当对自身通过网络系统和线下提交的各类材料的真实性、合法性、完整性负责，不得有虚假、误导性陈述和重大遗漏；投资主体通过恶意分拆项目、隐瞒有关情况或提供虚假材料等手段申请核准、备案的，核准、备案机关不予受理或不予核准、备案，对投资主体及主要责任人处以警告。境外投资真实性承诺书是境外投资主管部门后续确定虚假投资等违规行为责任人的重要参考。境外投资主管部门发现并查实虚假投资等违规行为之后，将根据有关规定和违规行为具体情况，对有关责任人（包括境外投资真实性承诺书中载明的投资决策人员）进行惩戒。

二、境外投资真实性承诺书格式文本是对真实性承诺内容和形式的一般要求，投资主体可结合实际情况填报。比如：境内企业A拟开展境外投资，按规定需履行备案手续。根据A的公司章程等经营管理制度规定，该项投资应由A的董事会行使决策权，则“本项投资决策人员签字单”应由参与该项投资决策的A的董事会成员签署。

附录16

企业境外投资管理办法

（2017年12月26日中华人民共和国国家发展和改革委员会令第11号公布，
自2018年3月1日起施行）

第一章 总 则

第一条 为加强境外投资宏观指导，优化境外投资综合服务，完善境外投资全程监管，促进境外投资持续健康发展，维护我国国家利益和国家安全，根据《中华人民共和国行政许可法》《国务院关于投资体制改革的决定》《国务院对确需保留的行政审批项目设定行政许可的决定》等法律法规，制定本办法。

第二条 本办法所称境外投资，是指中华人民共和国境内企业（以下称"投资主体"）直接或通过其控制的境外企业，以投入资产、权益或提供融资、担保等方式，获得境外所有权、控制权、经营管理权及其他相关权益的投资活动。

前款所称投资活动，主要包括但不限于下列情形：

（一）获得境外土地所有权、使用权等权益；

（二）获得境外自然资源勘探、开发特许权等权益；

（三）获得境外基础设施所有权、经营管理权等权益；

（四）获得境外企业或资产所有权、经营管理权等权益；

（五）新建或改扩建境外固定资产；

（六）新建境外企业或向既有境外企业增加投资；

（七）新设或参股境外股权投资基金；

（八）通过协议、信托等方式控制境外企业或资产。

本办法所称企业，包括各种类型的非金融企业和金融企业。

本办法所称控制，是指直接或间接拥有企业半数以上表决权，或虽不拥有半数以上表决权，但能够支配企业的经营、财务、人事、技术等重要事项。

第三条 投资主体依法享有境外投资自主权，自主决策、自担风险。

第四条 投资主体开展境外投资，应当履行境外投资项目（以下称“项目”）核准、备案等手续，报告有关信息，配合监督检查。

第五条 投资主体开展境外投资，不得违反我国法律法规，不得威胁或损害我国国家利益和国家安全。

第六条 国家发展和改革委员会（以下称“国家发展改革委”）在国务院规定的职责范围内，履行境外投资主管部门职责，根据维护我国国家利益和国家安全的需要，对境外投资进行宏观指导、综合服务和全程监管。

第七条 国家发展改革委建立境外投资管理和服务网络系统（以下称“网络系统”）。投资主体可以通过网络系统履行核准和备案手续、报告有关信息；涉及国家秘密或不适宜使用网络系统的事项，投资主体可以另行使用纸质材料提交。网络系统操作指南由国家发展改革委发布。

第二章 境外投资指导和服务

第八条 投资主体可以就境外投资向国家发展改革委咨询政策和信息、反映情况和问题、提出意见和建议。

第九条 国家发展改革委在国务院规定的职责范围内，会同有关部门根据国民经济和社会发展需要制定完善相关领域专项规划及产业政策，为投资主体开展境外投资提供宏观指导。

第十条 国家发展改革委在国务院规定的职责范围内，会同有关部门加强国际投资形势分析，发布境外投资有关数据、情况等信息，为投资主体提供信息服务。

第十一条 国家发展改革委在国务院规定的职责范围内，会同有关部门参与国际投资规则制定，建立健全投资合作机制，加强政策交流和协调，推动有关国家和地区为我国企业开展投资提供公平环境。

第十二条 国家发展改革委在国务院规定的职责范围内，推动海外利益安全保护体系和能力建设，指导投资主体防范和应对重大风险，维护我国企业合法权益。

第三章 境外投资项目核准和备案

第一节 核准、备案的范围

第十三条 实行核准管理的范围是投资主体直接或通过其控制的境外企业开

展的敏感类项目。核准机关是国家发展改革委。

本办法所称敏感类项目包括：

（一）涉及敏感国家和地区的项目；

（二）涉及敏感行业的项目。

本办法所称敏感国家和地区包括：

（一）与我国未建交的国家和地区；

（二）发生战争、内乱的国家和地区；

（三）根据我国缔结或参加的国际条约、协定等，需要限制企业对其投资的国家和地区；

（四）其他敏感国家和地区。

本办法所称敏感行业包括：

（一）武器装备的研制生产维修；

（二）跨境水资源开发利用；

（三）新闻传媒；

（四）根据我国法律法规和有关调控政策，需要限制企业境外投资的行业。

敏感行业目录由国家发展改革委发布。

第十四条 实行备案管理的范围是投资主体直接开展的非敏感类项目，也即涉及投资主体直接投入资产、权益或提供融资、担保的非敏感类项目。

实行备案管理的项目中，投资主体是中央管理企业（含中央管理金融企业、国务院或国务院所属机构直接管理的企业，下同）的，备案机关是国家发展改革委；投资主体是地方企业，且中方投资额 3 亿美元及以上的，备案机关是国家发展改革委；投资主体是地方企业，且中方投资额 3 亿美元以下的，备案机关是投资主体注册地的省级政府发展改革部门。

本办法所称非敏感类项目，是指不涉及敏感国家和地区且不涉及敏感行业的项目。

本办法所称中方投资额，是指投资主体直接以及通过其控制的境外企业为项目投入的货币、证券、实物、技术、知识产权、股权、债权等资产、权益以及提供融资、担保的总额。

本办法所称省级政府发展改革部门，包括各省、自治区、直辖市及计划单列市人民政府发展改革部门和新疆生产建设兵团发展改革部门。

第十五条 投资主体可以向核准、备案机关咨询拟开展的项目是否属于核准、备案范围，核准、备案机关应当及时予以告知。

第十六条 两个以上投资主体共同开展的项目，应当由投资额较大一方在征求其他投资方书面同意后提出核准、备案申请。如各方投资额相等，应当协商一致后由其中一方提出核准、备案申请。

第十七条 对项目所需前期费用（包括履约保证金、保函手续费、中介服务费、资源勘探费等）规模较大的，投资主体可以参照本办法第十三条、第十四条规定对项目前期费用提出核准、备案申请。经核准或备案的项目前期费用计入项目中方投资额。

第二节 核准的程序和时限

第十八条 实行核准管理的项目，投资主体应当通过网络系统向核准机关提交项目申请报告并附具有关文件。其中，投资主体是中央管理企业的，由其集团公司或总公司向核准机关提交；投资主体是地方企业的，由其直接向核准机关提交。

第十九条 项目申请报告应当包括以下内容：

（一）投资主体情况；

（二）项目情况，包括项目名称、投资目的地、主要内容和规模、中方投资额等；

（三）项目对我国国家利益和国家安全的影响分析；

（四）投资主体关于项目真实性的声明。

项目申请报告的通用文本以及应当附具的文件（以下称“附件”）清单由国家发展改革委发布。

第二十条 项目申请报告可以由投资主体自行编写，也可以由投资主体自主委托具有相关经验和能力的中介服务机构编写。

第二十一条 项目申请报告和附件齐全、符合法定形式的，核准机关应当予以受理。

项目申请报告或附件不齐全、不符合法定形式的，核准机关应当在收到项目申请报告之日起5个工作日内一次性告知投资主体需要补正的内容。逾期不告知的，自收到项目申请报告之日起即为受理。

核准机关受理或不予受理项目申请报告，都应当通过网络系统告知投资主体。投资主体需要受理或不予受理凭证的，可以通过网络系统自行打印或要求核准机关出具。

第二十二条 项目涉及有关部门职责的，核准机关应当商请有关部门在 7 个工作日内出具书面审查意见。有关部门逾期没有反馈书面审查意见的，视为同意。

第二十三条 核准机关在受理项目申请报告后，如确有必要，应当在 4 个工作日内委托咨询机构进行评估。除项目情况复杂的，评估时限不得超过 30 个工作日。项目情况复杂的，经核准机关同意，可以延长评估时限，但延长的时限不得超过 60 个工作日。

核准机关应当将咨询机构进行评估所需的时间告知投资主体。

接受委托的咨询机构应当在规定时限内提出评估报告，并对评估结论承担责任。

评估费用由核准机关承担，咨询机构及其工作人员不得收取投资主体任何费用。

第二十四条 核准机关可以结合有关单位意见、评估意见等，建议投资主体对项目申请报告有关内容进行调整，或要求投资主体对有关情况或材料作进一步澄清、补充。

第二十五条 核准机关应当在受理项目申请报告后 20 个工作日内作出是否予以核准的决定。项目情况复杂或需要征求有关单位意见的，经核准机关负责人批准，可以延长核准时限，但延长的核准时限不得超过 10 个工作日，并应当将延长时限的理由告知投资主体。

前款规定的核准时限，包括征求有关单位意见的时间，不包括咨询机构评估的时间。

第二十六条 核准机关对项目予以核准的条件为：

（一）不违反我国法律法规；

（二）不违反我国有关发展规划、宏观调控政策、产业政策和对外开放政策；

（三）不违反我国缔结或参加的国际条约、协定；

（四）不威胁、不损害我国国家利益和国家安全。

第二十七条 对符合核准条件的项目，核准机关应当予以核准，并向投资主体出具书面核准文件。

对不符合核准条件的项目，核准机关应当出具不予核准书面通知，并说明不予核准的理由。

第二十八条 项目违反有关法律法规、违反有关规划或政策、违反有关国际条约或协定、威胁或损害我国国家利益和国家安全的，核准机关可以不经过征求意见、委托评估等程序，直接作出不予核准的决定。

第三节 备案的程序和时限

第二十九条 实行备案管理的项目，投资主体应当通过网络系统向备案机关提交项目备案表并附具有关文件。其中，投资主体是中央管理企业的，由其集团公司或总公司向备案机关提交；投资主体是地方企业的，由其直接向备案机关提交。

项目备案表格式文本及附件清单由国家发展改革委发布。

第三十条 项目备案表和附件齐全、符合法定形式的，备案机关应当予以受理。

项目备案表或附件不齐全、项目备案表或附件不符合法定形式、项目不属于备案管理范围、项目不属于备案机关管理权限的，备案机关应当在收到项目备案表之日起5个工作日内一次性告知投资主体。逾期不告知的，自收到项目备案表之日起即为受理。

备案机关受理或不予受理项目备案表，都应当通过网络系统告知投资主体。投资主体需要受理或不予受理凭证的，可以通过网络系统自行打印或要求备案机关出具。

第三十一条 备案机关在受理项目备案表之日起7个工作日内向投资主体出具备案通知书。

备案机关发现项目违反有关法律法规、违反有关规划或政策、违反有关国际条约或协定、威胁或损害我国国家利益和国家安全的，应当在受理项目备案表之日起7个工作日内向投资主体出具不予备案书面通知，并说明不予备案的理由。

第四节 核准、备案的效力、变更和延期

第三十二条 属于核准、备案管理范围的项目，投资主体应当在项目实施前取得项目核准文件或备案通知书。

本办法所称项目实施前，是指投资主体或其控制的境外企业为项目投入资产、权益（已按照本办法第十七条办理核准、备案的项目前期费用除外）或提供

融资、担保之前。

第三十三条 属于核准、备案管理范围的项目，投资主体未取得有效核准文件或备案通知书的，外汇管理、海关等有关部门依法不予办理相关手续，金融企业依法不予办理相关资金结算和融资业务。

第三十四条 已核准、备案的项目，发生下列情形之一的，投资主体应当在有关情形发生前向出具该项目核准文件或备案通知书的机关提出变更申请：

（一）投资主体增加或减少；

（二）投资地点发生重大变化；

（三）主要内容和规模发生重大变化；

（四）中方投资额变化幅度达到或超过原核准、备案金额的 20%，或中方投资额变化 1 亿美元及以上；

（五）需要对项目核准文件或备案通知书有关内容进行重大调整的其他情形。

核准机关应当在受理变更申请之日起 20 个工作日内作出是否同意变更核准的书面决定。备案机关应当在受理变更申请之日起 7 个工作日内作出是否同意变更备案的书面决定。

第三十五条 核准文件、备案通知书有效期 2 年。确需延长有效期的，投资主体应当在有效期届满的 30 个工作日前向出具该项目核准文件或备案通知书的机关提出延长有效期的申请。

核准机关应当在受理延期申请之日起 20 个工作日内作出是否同意延长核准文件有效期的书面决定。备案机关应当在受理延期申请之日起 7 个工作日内作出是否同意延长备案通知书有效期的书面决定。

第三十六条 核准、备案机关应当依法履行职责，严格按照规定权限、程序、时限等要求实施核准、备案行为，提高行政效能，提供优质服务。

第三十七条 对核准、备案机关实施的核准、备案行为，相关利害关系人有权依法申请行政复议或提起行政诉讼。

第三十八条 对不符合本办法规定条件的项目予以核准、备案，或违反本办法规定权限和程序予以核准、备案的，应当依法予以撤销。

第三十九条 核准、备案机关应当按照《政府信息公开条例》规定将核准、备案有关信息予以公开。

第四章　境外投资监管

第四十条　国家发展改革委和省级政府发展改革部门根据境外投资有关法律法规和政策，按照本办法第十三条、第十四条规定的分工，联合同级政府有关部门建立协同监管机制，通过在线监测、约谈函询、抽查核实等方式对境外投资进行监督检查，对违法违规行为予以处理。

第四十一条　倡导投资主体创新境外投资方式、坚持诚信经营原则、避免不当竞争行为、保障员工合法权益、尊重当地公序良俗、履行必要社会责任、注重生态环境保护、树立中国投资者良好形象。

第四十二条　投资主体通过其控制的境外企业开展大额非敏感类项目的，投资主体应当在项目实施前通过网络系统提交大额非敏感类项目情况报告表，将有关信息告知国家发展改革委。

投资主体提交的大额非敏感类项目情况报告表内容不完整的，国家发展改革委应当在收到之日起5个工作日内一次性告知投资主体需要补正的内容。逾期不告知的，视作内容完整。大额非敏感类项目情况报告表格式文本由国家发展改革委发布。

本办法所称大额非敏感类项目，是指中方投资额3亿美元及以上的非敏感类项目。

第四十三条　境外投资过程中发生外派人员重大伤亡、境外资产重大损失、损害我国与有关国家外交关系等重大不利情况的，投资主体应当在有关情况发生之日起5个工作日内通过网络系统提交重大不利情况报告表。重大不利情况报告表格式文本由国家发展改革委发布。

第四十四条　属于核准、备案管理范围的项目，投资主体应当在项目完成之日起20个工作日内通过网络系统提交项目完成情况报告表。项目完成情况报告表格式文本由国家发展改革委发布。

前款所称项目完成，是指项目所属的建设工程竣工、投资标的股权或资产交割、中方投资额支出完毕等情形。

第四十五条　国家发展改革委、省级政府发展改革部门可以就境外投资过程中的重大事项向投资主体发出重大事项问询函。投资主体应当按照重大事项问询函载明的问询事项和时限要求提交书面报告。

国家发展改革委、省级政府发展改革部门认为确有必要的，可以公示重大事项问询函及投资主体提交的书面报告。

第四十六条 投资主体按照本办法第四十二条、第四十三条、第四十四条、第四十五条规定提交有关报告表或书面报告后，需要凭证的，可以通过网络系统自行打印提交完成凭证。

第四十七条 国家发展改革委、省级政府发展改革部门可以根据其掌握的国际国内经济社会运行情况和风险状况，向投资主体或利益相关方发出风险提示，供投资主体或利益相关方参考。

第四十八条 投资主体应当对自身通过网络系统和线下提交的各类材料的真实性、合法性、完整性负责，不得有虚假、误导性陈述和重大遗漏。

第四十九条 有关部门和单位、驻外使领馆等发现企业违反本办法规定的，可以告知核准、备案机关。公民、法人或其他组织发现企业违反本办法规定的，可以据实向核准、备案机关举报。

国家发展改革委建立境外投资违法违规行为记录，公布并更新企业违反本办法规定的行为及相应的处罚措施，将有关信息纳入全国信用信息共享平台、国家企业信用信息公示系统、“信用中国”网站等进行公示，会同有关部门和单位实施联合惩戒。

第五章 法律责任

第五十条 国家发展改革委工作人员有下列行为之一的，责令其限期改正，并依法追究有关责任人的行政责任；构成犯罪的，依法追究刑事责任：

（一）滥用职权、玩忽职守、徇私舞弊、索贿受贿的；

（二）违反本办法规定程序和条件办理项目核准、备案的；

（三）其他违反本办法规定的行为。

第五十一条 投资主体通过恶意分拆项目、隐瞒有关情况或提供虚假材料等手段申请核准、备案的，核准、备案机关不予受理或不予核准、备案，对投资主体及主要责任人处以警告。

第五十二条 投资主体通过欺骗、贿赂等不正当手段取得项目核准文件或备案通知书的，核准、备案机关应当撤销该核准文件或备案通知书，对投资主体及主要责任人处以警告；构成犯罪的，依法追究刑事责任。

第五十三条 属于核准、备案管理范围的项目，投资主体有下列行为之一的，由核准、备案机关责令投资主体中止或停止实施该项目并限期改正，对投资主体及有关责任人处以警告；构成犯罪的，依法追究刑事责任：

（一）未取得核准文件或备案通知书而擅自实施的；

（二）应当履行核准、备案变更手续，但未经核准、备案机关同意而擅自实施变更的。

第五十四条 投资主体有下列行为之一的，由国家发展改革委或投资主体注册地的省级政府发展改革部门责令投资主体限期改正；情节严重或逾期不改正的，对投资主体及有关责任人处以警告：

（一）未按本办法第四十二条、第四十三条、第四十四条、第四十五条规定报告有关信息的；

（二）违反本办法第四十八条规定的。

第五十五条 投资主体在境外投资过程中实施不正当竞争行为、扰乱境外投资市场秩序的，由国家发展改革委或投资主体注册地的省级政府发展改革部门责令投资主体中止或停止开展该项目并限期改正，对投资主体及主要责任人处以警告。

第五十六条 境外投资威胁我国国家利益和国家安全的，由国家发展改革委或投资主体注册地的省级政府发展改革部门责令投资主体中止实施项目并限期改正。

境外投资损害我国国家利益和国家安全的，由国家发展改革委或投资主体注册地的省级政府发展改革部门责令投资主体停止实施项目、限期改正并采取补救措施，对投资主体及有关责任人处以警告；构成犯罪的，依法追究刑事责任。

投资主体按照本办法第四十三条规定及时提交重大不利情况报告表并主动改正的，可以减轻或免除本条规定的行政处罚。

第五十七条 金融企业为属于核准、备案管理范围但未取得核准文件或备案通知书的项目提供融资、担保的，由国家发展改革委通报该违规行为并商请有关金融监管部门依法依规处罚该金融企业及有关责任人。

第六章 附 则

第五十八条 各省级政府发展改革部门要加强对本地企业境外投资的指导、

服务和监管，可以按照本办法的规定制定具体实施办法。

第五十九条 国家发展改革委对省级政府发展改革部门的境外投资管理工作进行指导和监督，对发现的问题及时予以纠正。

第六十条 核准、备案机关及其工作人员，以及被核准机关征求意见、受核准机关委托进行评估的单位及其工作人员，依法对投资主体根据本办法提交的材料负有保守商业秘密的义务。

第六十一条 事业单位、社会团体等非企业组织对境外开展投资参照本办法执行。

第六十二条 投资主体直接或通过其控制的企业对香港、澳门、台湾地区开展投资的，参照本办法执行。

投资主体通过其控制的香港、澳门、台湾地区企业对境外开展投资的，参照本办法执行。

第六十三条 境内自然人通过其控制的境外企业或香港、澳门、台湾地区企业对境外开展投资的，参照本办法执行。

境内自然人直接对境外开展投资不适用本办法。境内自然人直接对香港、澳门、台湾地区开展投资不适用本办法。

第六十四条 法律、行政法规对境外投资管理有专门规定的，从其规定。

第六十五条 本办法由国家发展改革委负责解释。

第六十六条 本办法自 2018 年 3 月 1 日起施行。《境外投资项目核准和备案管理办法》（国家发展和改革委员会令第 9 号）同时废止。

附录 17

境外投资管理办法

（2014 年 9 月 6 日中华人民共和国商务部令 2014 年第 3 号公布，
自 2014 年 10 月 6 日起施行）

第一章　总　　则

第一条　为了促进和规范境外投资，提高境外投资便利化水平，根据《国务院关于投资体制改革的决定》、《国务院对确需保留的行政审批项目设定行政许可的决定》及相关法律规定，制定本办法。

第二条　本办法所称境外投资，是指在中华人民共和国境内依法设立的企业（以下简称企业）通过新设、并购及其他方式在境外拥有非金融企业或取得既有非金融企业所有权、控制权、经营管理权及其他权益的行为。

第三条　企业开展境外投资，依法自主决策、自负盈亏。

第四条　企业境外投资不得有以下情形：

（一）危害中华人民共和国国家主权、安全和社会公共利益，或违反中华人民共和国法律法规；

（二）损害中华人民共和国与有关国家（地区）关系；

（三）违反中华人民共和国缔结或者参加的国际条约、协定；

（四）出口中华人民共和国禁止出口的产品和技术。

第五条　商务部和各省、自治区、直辖市、计划单列市及新疆生产建设兵团商务主管部门（以下称省级商务主管部门）负责对境外投资实施管理和监督。

第二章　备案和核准

第六条　商务部和省级商务主管部门按照企业境外投资的不同情形，分别实行备案和核准管理。

企业境外投资涉及敏感国家和地区、敏感行业的，实行核准管理。

企业其他情形的境外投资，实行备案管理。

第七条 实行核准管理的国家是指与中华人民共和国未建交的国家、受联合国制裁的国家。必要时，商务部可另行公布其他实行核准管理的国家和地区的名单。

实行核准管理的行业是指涉及出口中华人民共和国限制出口的产品和技术的行业、影响一国（地区）以上利益的行业。

第八条 商务部和省级商务主管部门应当依法办理备案和核准，提高办事效率，提供优质服务。

商务部和省级商务主管部门通过“境外投资管理系统”（以下简称“管理系统”）对企业境外投资进行管理，并向获得备案或核准的企业颁发《企业境外投资证书》（以下简称《证书》，样式见附件 1）。《证书》由商务部和省级商务主管部门分别印制并盖章，实行统一编码管理。

《证书》是企业境外投资获得备案或核准的凭证，按照境外投资最终目的地颁发。

第九条 对属于备案情形的境外投资，中央企业报商务部备案；地方企业报所在地省级商务主管部门备案。

中央企业和地方企业通过“管理系统”按要求填写并打印《境外投资备案表》（以下简称《备案表》，样式见附件 2），加盖印章后，连同企业营业执照复印件分别报商务部或省级商务主管部门备案。

《备案表》填写如实、完整、符合法定形式，且企业在《备案表》中声明其境外投资无本办法第四条所列情形的，商务部或省级商务主管部门应当自收到《备案表》之日起 3 个工作日内予以备案并颁发《证书》。企业不如实、完整填报《备案表》的，商务部或省级商务主管部门不予备案。

第十条 对属于核准情形的境外投资，中央企业向商务部提出申请，地方企业通过所在地省级商务主管部门向商务部提出申请。

企业申请境外投资核准需提交以下材料：

（一）申请书，主要包括投资主体情况、境外企业名称、股权结构、投资金额、经营范围、经营期限、投资资金来源、投资具体内容等；

（二）《境外投资申请表》（样式见附件 3），企业应当通过“管理系统”按要求填写打印，并加盖印章；

（三）境外投资相关合同或协议；

（四）有关部门对境外投资所涉的属于中华人民共和国限制出口的产品或技术准予出口的材料；

（五）企业营业执照复印件。

第十一条 核准境外投资应当征求我驻外使（领）馆（经商处室）意见。涉及中央企业的，由商务部征求意见；涉及地方企业的，由省级商务主管部门征求意见。征求意见时，商务部和省级商务主管部门应当提供投资事项基本情况等相关信息。驻外使（领）馆（经商处室）应当自接到征求意见要求之日起7个工作日内回复。

第十二条 商务部应当在受理中央企业核准申请后20个工作日内［包含征求驻外使（领）馆（经商处室）意见的时间］作出是否予以核准的决定。申请材料不齐全或者不符合法定形式的，商务部应当在3个工作日内一次告知申请企业需要补正的全部内容。逾期不告知的，自收到申请材料之日起即为受理。中央企业按照商务部的要求提交全部补正申请材料的，商务部应当受理该申请。

省级商务主管部门应当在受理地方企业核准申请后对申请是否涉及本办法第四条所列情形进行初步审查，并在15个工作日内［包含征求驻外使（领）馆（经商处室）意见的时间］将初步审查意见和全部申请材料报送商务部。申请材料不齐全或者不符合法定形式的，省级商务主管部门应当在3个工作日内一次告知申请企业需要补正的全部内容。逾期不告知的，自收到申请材料之日起即为受理。地方企业按照省级商务主管部门的要求提交全部补正申请材料的，省级商务主管部门应当受理该申请。商务部收到省级商务主管部门的初步审查意见后，应当在15个工作日内做出是否予以核准的决定。

第十三条 对予以核准的境外投资，商务部出具书面核准决定并颁发《证书》；因存在本办法第四条所列情形而不予核准的，应当书面通知申请企业并说明理由，告知其享有依法申请行政复议或者提起行政诉讼的权利。企业提供虚假材料申请核准的，商务部不予核准。

第十四条 两个以上企业共同开展境外投资的，应当由相对大股东在征求其他投资方书面同意后办理备案或申请核准。如果各方持股比例相等，应当协商后由一方办理备案或申请核准。如投资方不属同一行政区域，负责办理备案或核准的商务部或省级商务主管部门应当将备案或核准结果告知其他投资方所在地商务主管部门。

第十五条 企业境外投资经备案或核准后，原《证书》载明的境外投资事项发生变更的，企业应当按照本章程序向原备案或核准的商务部或省级商务主管部门办理变更手续。

第十六条 自领取《证书》之日起 2 年内，企业未在境外开展投资的，《证书》自动失效。如需再开展境外投资，应当按照本章程序重新办理备案或申请核准。

第十七条 企业终止已备案或核准的境外投资，应当在依投资目的地法律办理注销等手续后，向原备案或核准的商务部或省级商务主管部门报告。原备案或核准的商务部或省级商务主管部门根据报告出具注销确认函。

终止是指原经备案或核准的境外企业不再存续或企业不再拥有原经备案或核准的境外企业的股权等任何权益。

第十八条 《证书》不得伪造、涂改、出租、出借或以任何其他形式转让。已变更、失效或注销的《证书》应当交回原备案或核准的商务部或省级商务主管部门。

第三章 规范和服务

第十九条 企业应当客观评估自身条件、能力，深入研究投资目的地投资环境，积极稳妥开展境外投资，注意防范风险。境内外法律法规和规章对资格资质有要求的，企业应当取得相关证明文件。

第二十条 企业应当要求其投资的境外企业遵守投资目的地法律法规、尊重当地风俗习惯，履行社会责任，做好环境、劳工保护、企业文化建设等工作，促进与当地的融合。

第二十一条 企业对其投资的境外企业的冠名应当符合境内外法律法规和政策规定。未按国家有关规定获得批准的企业，其境外企业名称不得使用“中国”、“中华”等字样。

第二十二条 企业应当落实人员和财产安全防范措施，建立突发事件预警机制和应急预案。在境外发生突发事件时，企业应当在驻外使（领）馆和国内有关主管部门的指导下，及时、妥善处理。

企业应当做好外派人员的选审、行前安全、纪律教育和应急培训工作，加强对外派人员的管理，依法办理当地合法居留和工作许可。

第二十三条 企业应当要求其投资的境外企业中方负责人当面或以信函、传真、电子邮件等方式及时向驻外使（领）馆（经商处室）报到登记。

第二十四条 企业应当向原备案或核准的商务部或省级商务主管部门报告境外投资业务情况、统计资料，以及与境外投资相关的困难、问题，并确保报送情况和数据真实准确。

第二十五条 企业投资的境外企业开展境外再投资，在完成境外法律手续后，企业应当向商务主管部门报告。涉及中央企业的，中央企业通过“管理系统”填报相关信息，打印《境外中资企业再投资报告表》（以下简称《再投资报告表》，样式见附件4）并加盖印章后报商务部；涉及地方企业的，地方企业通过“管理系统”填报相关信息，打印《再投资报告表》并加盖印章后报省级商务主管部门。

第二十六条 商务部负责对省级商务主管部门的境外投资管理情况进行检查和指导。省级商务主管部门应当每半年向商务部报告本行政区域内境外投资的情况。

第二十七条 商务部会同有关部门为企业境外投资提供权益保障、投资促进、风险预警等服务。

商务部发布《对外投资合作国别（地区）指南》、国别产业指引等文件，帮助企业了解投资目的地投资环境；加强对企业境外投资的指导和规范，会同有关部门发布环境保护等指引，督促企业在境外合法合规经营；建立对外投资与合作信息服务系统，为企业开展境外投资提供数据统计、投资机会、投资障碍、风险预警等信息。

第四章 法律责任

第二十八条 企业以提供虚假材料等不正当手段办理备案并取得《证书》的，商务部或省级商务主管部门撤销该企业境外投资备案，给予警告，并依法公布处罚决定。

第二十九条 企业提供虚假材料申请核准的，商务部给予警告，并依法公布处罚决定。该企业在一年内不得再次申请该项核准。

企业以欺骗、贿赂等不正当手段获得境外投资核准的，商务部撤销该企业境外投资核准，给予警告，并依法公布处罚决定。该企业在三年内不得再次申请该项核准；构成犯罪的，依法追究刑事责任。

第三十条 企业开展境外投资过程中出现本办法第四条所列情形的，应当承担相应的法律责任。

第三十一条 企业伪造、涂改、出租、出借或以任何其他形式转让《证书》的，商务部或省级商务主管部门给予警告；构成犯罪的，依法追究刑事责任。

第三十二条 境外投资出现第二十八至三十一条规定的情形以及违反本办法其他规定的企业，三年内不得享受国家有关政策支持。

第三十三条 商务部和省级商务主管部门有关工作人员不依照本办法规定履行职责、滥用职权、索取或者收受他人财物或者谋取其他利益，构成犯罪的，依法追究刑事责任；尚不构成犯罪的，依法给予行政处分。

第五章 附 则

第三十四条 省级商务主管部门可依照本办法制定相应的工作细则。

第三十五条 本办法所称中央企业系指国务院国有资产监督管理委员会履行出资人职责的企业及其所属企业、中央管理的其他单位。

第三十六条 事业单位法人开展境外投资、企业在境外设立分支机构参照本办法执行。

第三十七条 企业赴香港、澳门、台湾地区投资参照本办法执行。

第三十八条 本办法由商务部负责解释。

第三十九条 本办法自2014年10月6日起施行。商务部2009年发布的《境外投资管理办法》（商务部令2009年第5号）同时废止。

附件：

1. 企业境外投资证书（样式）
2. 境外投资备案表（样式）
3. 境外投资申请表（样式）
4. 境外中资企业再投资报告表（样式）

附件1：企业境外投资证书（样式）

境外投资证第　号 ××公司右页所列境外投资符合《境外投资管理办法》（商务部令2014年第3号）有关规定，现予以颁发《企业境外投资证书》。 公司自领取本证书之日起2年内，未从事右页所列境外投资，证书自动失效。 公司开展境外投资业务应认真遵守境内外相关的法律法规和政策。 发证机关（盖章） 年　月　日

<table>
<tr><td colspan="2">境外企业
（最终目的地）</td><td>名称</td><td colspan="4"></td><td colspan="2">国家/
地区</td><td colspan="2"></td></tr>
<tr><td colspan="2">设立方式</td><td colspan="9">□新设　　□并购　　□变更</td></tr>
<tr><td rowspan="2">投资
主体</td><td colspan="2">中方名称</td><td colspan="4"></td><td colspan="2">股比</td><td colspan="2"></td></tr>
<tr><td colspan="2">外方名称</td><td colspan="4"></td><td colspan="2">股比</td><td colspan="2"></td></tr>
<tr><td rowspan="2">投资
总额</td><td colspan="2">中方</td><td colspan="8">万元人民币（折合　　万美元）</td></tr>
<tr><td colspan="2">外方</td><td colspan="8">万元人民币（折合　　万美元）</td></tr>
<tr><td colspan="3">中方境内现金出资
实际币种和金额</td><td>币种</td><td colspan="2"></td><td colspan="3">金额
（单位：万）</td><td colspan="2"></td></tr>
<tr><td colspan="2" rowspan="9">中方投资
构成（单位：
万元人民币）</td><td rowspan="6">境内</td><td colspan="2" rowspan="2">现　金</td><td>自有资金</td><td colspan="5"></td></tr>
<tr><td>银行贷款</td><td colspan="5"></td></tr>
<tr><td colspan="2">实　物</td><td></td><td colspan="5"></td></tr>
<tr><td colspan="2">无形资产</td><td></td><td colspan="5"></td></tr>
<tr><td colspan="2">股　权</td><td></td><td colspan="5"></td></tr>
<tr><td colspan="2">其　他</td><td></td><td colspan="5"></td></tr>
<tr><td rowspan="3">境外</td><td colspan="2">自有资金</td><td></td><td colspan="5"></td></tr>
<tr><td colspan="2">银行贷款</td><td></td><td colspan="5"></td></tr>
<tr><td colspan="2">其　他</td><td></td><td colspan="5"></td></tr>
<tr><td colspan="3">经营范围</td><td colspan="8"></td></tr>
<tr><td colspan="3">申报文号</td><td colspan="2"></td><td colspan="2">核准或备案
文号</td><td colspan="4"></td></tr>
<tr><td colspan="3">投资路径
（仅限第一层级
境外企业）</td><td>名称</td><td colspan="4"></td><td colspan="2">国家/
地区</td><td></td></tr>
<tr><td colspan="3">备　注</td><td colspan="8"></td></tr>
</table>

附件 2：境外投资备案表（样式）

单位：万美元

<table>
<tr><td colspan="7">【系统统一编号】</td></tr>
<tr><td>基本事由</td><td colspan="6"></td></tr>
<tr><td rowspan="4">境内投资主体</td><td colspan="2">名称：</td><td rowspan="4" colspan="2">联系人</td><td colspan="2">姓名：</td></tr>
<tr><td colspan="2">法定代表人：</td><td colspan="2">座机：</td></tr>
<tr><td colspan="2">地址：</td><td colspan="2">手机：</td></tr>
<tr><td colspan="2">所有制类型：
（下拉列表选择）</td><td colspan="2">电子邮件：</td></tr>
<tr><td>主管部门/集团总部</td><td colspan="6"></td></tr>
<tr><td>投资路径（仅限第一层级境外企业）</td><td colspan="3">名称：（可视情增加）</td><td colspan="3">国家（地区）：</td></tr>
<tr><td>境外投资
最终目的地</td><td colspan="6">国家（地区）：　　省（州）：　　城市：</td></tr>
<tr><td>境外企业名称
（最终目的地）</td><td colspan="6">中文：
外文：</td></tr>
<tr><td rowspan="4">股权结构</td><td rowspan="2">中方</td><td colspan="4">股东 1：</td><td>股比：</td></tr>
<tr><td colspan="4">股东 2：（可视情增加）</td><td>股比：</td></tr>
<tr><td rowspan="2">外方</td><td colspan="4">股东 1：</td><td>股比：</td></tr>
<tr><td colspan="4">股东 2：</td><td>股比：</td></tr>
<tr><td>设立方式</td><td colspan="6">○新设　　○并购　　○变更</td></tr>
<tr><td>经营范围</td><td colspan="6"></td></tr>
<tr><td rowspan="2">境外企业所属行业</td><td colspan="6">（下拉式列表选择）</td></tr>
<tr><td colspan="6">○　是否属于涉及出口国家限制出口的产品和技术的行业
○　是否属于影响一国（地区）以上利益的行业</td></tr>
<tr><td>注册资本</td><td colspan="6">________，中方占________%股份，外方占________%股份</td></tr>
<tr><td>投资规模</td><td colspan="6">投资总额________（折合________万元人民币），其中，1. 中方投资额________（折合________万元人民币）；2. 外方投资额________（折合________万元人民币）。折算汇率：</td></tr>
</table>

续表

<table>
<tr><td rowspan="2">中方出资币种和金额（单位：万）</td><td colspan="2">币种1：　　　　　　　　金额：</td></tr>
<tr><td colspan="2">币种2：（可视情增加）　　　　金额：</td></tr>
<tr><td rowspan="2">中方投资的构成
（单位：万美元）</td><td>境内</td><td>1. 现金出资________（包括股东借款等债权出资），其中：自有资金________，银行贷款________（包括项目融资）；
2. 实物出资________；
3. 无形资产________；
4. 股权出资________；
5. 其他________</td></tr>
<tr><td>境外</td><td>1. 自有资金________；
2. 银行贷款________（包括内保外贷、外保外贷等）；
3. 其他________</td></tr>
<tr><td rowspan="2">投资具体情况</td><td>项目简况</td><td>（包括经营内容、规模、产品/市场、配套基础设施、投资回收期等。如属于并购类投资，需包括并购目标公司的生产经营状况、资产财务状况以及具体收购方案等）</td></tr>
<tr><td>项目意义</td><td>（包括带动出口、获取技术、获得或建立营销网络、创造当地就业和税收等情况）</td></tr>
<tr><td colspan="3">本单位承诺本表中涉及的投资无以下情形：
（一）危害中华人民共和国国家主权、安全和社会公共利益，或违反中华人民共和国法律法规；
（二）损害中华人民共和国与有关国家（地区）关系；
（三）违反中华人民共和国缔结或者参加的国际条约、协定；
（四）出口中华人民共和国禁止出口的产品和技术。
本单位保证以上填报事项及材料的真实性，承诺遵守中华人民共和国及投资目的地相关法律法规，并按照《境外投资管理办法》（商务部令2014年第3号）的规定开展境外投资。
企业盖章：
年　月　日</td></tr>
</table>

续表

注：实行核准管理的国家中，与我国未建交的国家名单参见中华人民共和国外交部网站（cs. mfa. gov. cn/zlbg/bgzl/qtzl/t1094257. shtml）；受联合国制裁的国家名单参见联合国中文网站（www. un. org/chinese/sc/committees/list_compend. shtml）。

以下由商务部或省级商务主管机关填写：					
初核		复核		签发	

附件 3：境外投资申请表（样式）

单位：万美元

【系统统一编号】				
基本事由				
境内投资主体	名称：		联系人	姓名：
	法定代表人：			座机：
	地址：			手机：
	所有制类型： （下拉列表选择）			电子邮件：
主管部门/集团总部				
投资路径（仅限第一层级境外企业）	名称：（可视情增加）		国家（地区）：	
境外投资最终目的地	国家（地区）：　　省（州）：　　城市：			
境外企业名称（最终目的地）	中文： 外文：			
注册资本	________，中方占________%股份，外方占________%股份			
股权结构	中方	股东 1：	股比：	
		股东 2：（可视情增加）	股比：	
	外方	股东 1：	股比：	
		股东 2：	股比：	
设立方式	○新设　　○并购　　○变更			

续表

<table>
<tr><td>经营范围</td><td colspan="2"></td></tr>
<tr><td rowspan="2">境外企业所属行业</td><td colspan="2">（下拉式列表选择）</td></tr>
<tr><td colspan="2">○ 是否属于涉及出口国家限制出口的产品和技术的行业
○ 是否属于影响一国（地区）以上利益的行业</td></tr>
<tr><td>投资规模</td><td colspan="2">投资总额________（折合________万元人民币），其中，1. 中方投资额________（折合________万元人民币）；2. 外方投资额________（折合________万元人民币）。折算汇率：</td></tr>
<tr><td rowspan="2">中方出资币种和金额（单位：万）</td><td colspan="2">币种1：　　　　　　金额：</td></tr>
<tr><td colspan="2">币种2：（可视情增加）　　　　金额：</td></tr>
<tr><td rowspan="2">中方投资的构成（单位：万美元）</td><td>境内</td><td>1. 现金出资________（包括股东借款等债权出资），其中：自有资金________，银行贷款________（包括项目融资）；
2. 实物出资________；
3. 无形资产________；
4. 股权出资________；
5. 其他________</td></tr>
<tr><td>境外</td><td>1. 自有资金________；
2. 银行贷款________（包括内保外贷、外保外贷等）；
3. 其他________</td></tr>
<tr><td rowspan="2">投资具体情况</td><td>项目简况</td><td>（包括经营内容、规模、产品/市场、配套基础设施、投资回收期等。如属于并购类投资，需包括并购目标公司的生产经营状况、资产财务状况以及具体收购方案等）</td></tr>
<tr><td>项目意义</td><td>（包括带动出口、获取技术、获得或建立营销网络、创造当地就业和税收等情况）</td></tr>
<tr><td colspan="3">本单位承诺本表中涉及的投资无以下情形：
（一）危害中华人民共和国国家主权、安全和社会公共利益，或违反中华人民共和国法律法规；
（二）损害中华人民共和国与有关国家（地区）关系；
（三）违反中华人民共和国缔结或者参加的国际条约、协定；</td></tr>
</table>

续表

（四）出口中华人民共和国禁止出口的产品和技术。 本单位保证以上填报事项及材料的真实性，承诺遵守中华人民共和国及投资目的地相关法律法规，并按照《境外投资管理办法》（商务部令 2014 年第 3 号）的规定开展境外投资。 企业盖章： 年　月　日
注：实行核准管理的国家中，与我国未建交的国家名单参见中华人民共和国外交部网站（cs. mfa. gov. cn/zlbg/bgzl/qtzl/t1094257. shtml）；受联合国制裁的国家名单参见联合国中文网站（www. un. org/chinese/sc/committees/list_compend. shtml）
以下由商务部或省级商务主管机关填写：

初核		复核		签发	

附件 4：境外中资企业再投资报告表（样式）

单位：万美元

【系统统一编号】			
基本事由			
境外中资企业名称	中文：	注册地	
	外文：		
再投资境外企业（项目）名称	中文：	注册地	国家（地区）：（下拉式列表选择） 省（州）： 城市：
	外文：		
再投资规模	投资总额________，其中：1. 自有资金________；2. 境内银行贷款________；3. 境外银行贷款________；4. 其他________		
再投资简介	（包括经营内容、规模、产品/市场、配套基础设施、投资回收期等。如属于并购类投资，需包括并购目标公司的生产经营状况、资产财务状况以及具体收购方案等）		
注册资本	________		

续表

股权结构	境外中资企业占股比： 其他方股东名称及股比：
设立方式	○新设　　　　○并购
经营范围	
所属行业	（下拉式列表选择）
多层级再投资报告说明	（如该境外中资企业通过设立多层级企业实现再投资，则需填写此项）
附件： 《企业境外投资证书》（境外中资企业获得的证书）	
本单位保证以上填报事项及材料的真实性，承诺遵守中华人民共和国及投资目的地相关法律法规，并按照《境外投资管理办法》（商务部令 2014 年第 3 号）的规定开展境外投资。 企业盖章： 年　月　日	

附录 18

境外投资核准备案百问百答

国家发展改革委外资司

2020 年 5 月

说明

核准、备案是境外投资管理的重要环节。2017 年 12 月，国家发展改革委出台《企业境外投资管理办法》（11 号令），推出取消地方初审转报、补齐管理短板、充实服务内容等八项“放管服”改革。2018 年年初，国家发展改革委先后发布《境外投资敏感行业目录（2018 年版）》（发改外资〔2018〕251 号）和《企业境外投资管理办法配套格式文本（2018 年版）》（发改外资〔2018〕252 号）。自 2018 年 3 月《企业境外投资管理办法》正式实施以来，针对地方、企业和个人的咨询，陆续发布三批《境外投资常见问题解答》。目前，已经形成以管理办法为核心、以敏感行业目录和格式文本为配套、以常见问题解答为补充的政策体系，全国境外投资管理和服务网络系统运行良好。

为进一步优化境外投资综合服务，提高境外投资核准备案工作的便利性和透明度，国家发展改革委外资司在常见问题解答的基础上编制了《境外投资核准备案百问百答》。《境外投资核准备案百问百答》主要包括适用范围、敏感类项目、新项目申报、项目变更延期、申报材料、事中事后监管、在线申报系统等七个方面的常见问题和解答，对各方关注的政策焦点作了阐释。

上述政策文件和《境外投资核准备案百问百答》的电子版已在国家发展改革委网上政务服务大厅（https：//services. ndrc. gov. cn：9443/）、全国境外投资管理和服务网络系统（http：//jwtz. ndrc. gov. cn/jwtz-ex/index. ac-tion/）发布。

如有新的问题需要咨询，中央企业可拨打国家发展改革委政务服务电话 010－68505050 咨询或登录国家发展改革委政务服务大厅网站在线咨询，地方企业可拨打地方发展改革委政务服务电话咨询。地方发展改革委政务服务电话可在地方发展改革委官网和全国境外投资管理和服务网络系统“联系我们”栏目查询。

目　录

一、适用范围

（一）企业开展境外投资，应主要参考哪些政策性文件？

答：国务院层面，请参考《国务院办公厅转发国家发展改革委商务部人民银行外交部关于进一步引导和规范境外投资方向指导意见的通知》（国办发〔2017〕74号）。

国家发展改革委层面，请参考《企业境外投资管理办法》（国家发展改革委令第11号）、《国家发展改革委关于发布企业境外投资管理办法配套格式文本（2018年版）的通知》（发改外资〔2018〕252号）和《国家发展改革委关于发布境外投资敏感行业目录（2018年版）的通知》（发改外资〔2018〕251号）等。

其他部门层面，请咨询相应部门。

（二）哪些类型的投资活动属于《企业境外投资管理办法》（国家发展改革委令第11号，以下简称11号令）所称境外投资？

答：根据11号令第二条，境外投资是指中华人民共和国境内企业（以下简称投资主体）直接或通过其控制的境外企业，以投入资产、权益或提供融资、担保等方式，获得境外所有权、控制权、经营管理权及其他相关权益的投资活动。投资活动主要包括但不限于下列情形：

1. 获得境外土地所有权、使用权等权益；

2. 获得境外自然资源勘探、开发特许权等权益；

3. 获得境外基础设施所有权、经营管理权等权益；

4. 获得境外企业或资产所有权、经营管理权等权益；

5. 新建或改扩建境外固定资产；

6. 新建境外企业或向既有境外企业增加投资；

7. 新设或参股境外股权投资基金；

8. 通过协议、信托等方式控制境外企业或资产。

11 号令所称企业，包括各种类型的非金融企业和金融企业。

11 号令所称控制，是指直接或间接拥有企业半数以上表决权，或虽不拥有半数以上表决权，但能够支配企业的经营、财务、人事、技术等重要事项。

（三）11 号令第二条“投入资产、权益或提供融资、担保等”，其中“资产、权益”的范围是什么？

答：11 号令中的“资产、权益”包括货币、证券、实物、技术、知识产权、股权、债权等各类资产、权益。

（四）哪些类型的境外投资项目需要申请核准？哪些类型的境外投资项目需要申请备案？

答：根据 11 号令第十三条、第十四条，实行核准管理的范围是投资主体直接或通过其控制的境外企业开展的敏感类项目。实行备案管理的范围是投资主体直接开展的非敏感类项目，即投资主体直接投入资产、权益或提供融资、担保的非敏感类项目。

11 号令所称敏感类项目包括：涉及敏感国家和地区的项目；涉及敏感行业的项目。

敏感国家和地区包括：与我国未建交的国家和地区；发生战争、内乱的国家和地区；根据我国缔结或参加的国际条约、协定等，需要限制企业对其投资的国家和地区；其他敏感国家和地区。

敏感行业包括：武器装备的研制生产维修；跨境水资源开发利用；新闻传媒；根据《国务院办公厅转发国家发展改革委　商务部人民银行外交部关于进一步引导和规范境外投资方向指导意见的通知》（国办发〔2017〕74 号），需要限制企业境外投资的行业：房地产、酒店、影城、娱乐业、体育俱乐部、在境外设立无具体实业项目的股权投资基金或投资平台。

（五）11 号令中“境内企业直接开展的境外投资”是指投资主体以什么形式开展的境外投资？

答：11 号令中“境内企业直接开展的境外投资”是指境内投资主体直接投入资产、权益或提供融资、担保的境外投资。例如，境内企业 A 直接新建或收购境外企业 B；境内企业 A 将资产、权益注入境外子公司 a 或为 a 提供融资担保，由 a 新建或收购境外企业 B。

（六）11 号令将“投资主体通过其控制的境外企业”开展的境外投资纳入监管和服务范围。其中“投资主体控制的境外企业”应穿透至哪一层级？

答：11 号令所称“投资主体控制的境外企业”应按照实质重于形式的监管原则逐层追溯，穿透至最终实际控制人为境内投资主体的所有境外企业。

（七）投资主体不直接投入资产、权益或提供融资、担保，而是通过其控制的境外企业开展境外投资，是否需要向发展改革部门申请境外投资项目核准、备案？

答：投资主体通过其控制的境外企业开展敏感类境外投资，需要向国家发展改革委申请项目核准。

投资主体控制的境外企业开展非敏感类境外投资项目，投资主体不直接投入资产、权益或提供融资、担保，中方投资额 3 亿美元以上的项目，投资主体需要向国家发展改革委提交大额非敏感类项目情况报告表，不需申请项目核准或备案，中方投资额 3 亿美元以下的项目无须办理有关手续。

（八）投资主体在港澳台地区投资是否属于境外投资？

答：根据 11 号令第六十二条，投资主体直接或通过其控制的企业对香港特别行政区、澳门特别行政区、台湾地区开展投资的，参照 11 号令执行；投资主体通过其控制的香港特别行政区、澳门特别行政区、台湾地区企业对境外开展投资的，参照 11 号令执行。

（九）境内自然人在境外设立企业或开展其他境外投资项目，是否适用 11 号令？

答：根据 11 号令第六十三条，境内自然人直接对境外开展投资不适用 11 号令，境内自然人通过其控制的境外企业或香港特别行政区、澳门特别行政区、台湾地区企业对境外开展投资的，参照 11 号令执行。

（十）11 号令中所称“境内自然人”，是否指拥有中国国籍的自然人？

答：11 号令所称“境内自然人”指的是拥有中华人民共和国国籍的境内自然人。

（十一）境外企业 B 的主要资产 b 位于中国境内，境内企业 A 直接并购境外企业 B，从而获得境内资产 b。该类情形是否属于 11 号令所称境外投资？

答：根据 11 号令第二条，境内企业 A 并购境外企业 B，获得境外企业 B 的相关权益，属于 11 号令所称境外投资。

（十二）境内企业 A 拟收购境内的外资企业 b，向 b 的境外股东 B 支付收购资金。该类情形是否属于 11 号令所称境外投资？

答：境内企业 A 收购境内的外资企业 b，未发生 11 号令第二条规定的投资活动，该类情形不属于 11 号令所称境外投资。

（十三）境内企业 A 拟向境内企业 B 收购其控制的境外企业 b，交易资金拟于境内支付。上述投资活动是否适用 11 号令？

答：境内企业 A 向境内企业 B 收购其控制的境外企业 b，属于 11 号令第二条所述境外投资，适用 11 号令。

（十四）境内企业 A 拟向境外企业 B 收购其持有的境外企业 b，资金来源为境内企业 A 在境外的自有资金，不涉及跨境资金流动。该类情形是否适用 11 号令？

答：境内企业 A 收购境外企业 B 持有境外企业 b，收购资金由 A 在境外的自有资金支付，不涉及跨境资金流动。上述情形中，境内企业 A 投入了资产权益，并获得了境外资产 b 的所有权，适用 11 号令。

（十五）境内企业 A 控制的境外企业 a 拟在境外发行债券，A 拟为 a 的发债行为提供担保。该类情形是否适用 11 号令？

答：境内企业 A 所控制的境外企业 a 在境外发行债券，A 对 a 的发债行为提供担保。发债募集资金拟开展 11 号令第二条规定的境外投资的，适用 11 号令。发债募集资金不用于 11 号令规定的境外投资的，不适用 11 号令。

（十六）境内保险企业拟向境外汇出保险资金，是否适用于 11 号令？

答：境内保险企业拟使用保险资金开展 11 号令第二条规定的境外投资的，适用 11 号令。境内保险企业不开展 11 号令第二条规定的境外投资的，不适用 11 号令。

（十七）境内企业为境外子公司向银行融资提供担保，境外子公司的融资资金用途不涉及 11 号令第二条规定的境外投资活动，这种情况需要履行境外投资项目备案或核准手续吗？

答：境内企业为境外子公司提供融资担保，资金不用于开展 11 号令第二条规定的境外投资的，不适用11号令，不需要向发展改革委部门申请核准、备案。境内企业为境外子公司提供担保的融资资金用于开展11号令第二条规定的境外投资的，适用11号令，需要向发展改革部门申请核准、备案。

（十八）境内外商投资企业开展境外投资，是否需要按照11号令有关规定履行有关手续？

答：是。

（十九）11号令自2018年3月1日起施行，《境外投资项目核准和备案管理办法》（以下简称9号令）同时废止。企业在2018年3月1日之前实施的、按照当时有效的9号令无须履行核准或备案手续的投资行为，是否需要按照11号令有关规定补办核准、备案、报告等手续？

答：不需要补办。

（二十）境内企业A拟为其境外母公司B在境外的投资提供融资或担保，境内企业A不获得该项投资有关的任何权益，且境外企业B不受境内主体实际控制。境内企业A是否需要就此履行核准、备案或大额非敏感报告手续？

答：若境内企业A仅为境外母公司B相关投资提供融资或担保，但未获得任何权益，则不属于11号令第二条所称的境外投资，无须就此履行核准、备案或大额非敏感报告等手续。

（二十一）境内企业A拟0元收购境外企业B，企业B的财务报告中显示B有一定资产，该类情况是否适用11号令？

答：境内企业A在收购境外企业B的过程中既不存在货币、证券、实物、技术、知识产权、股权、债权等资产、权益投入，也不提供融资、担保的，不构成11号令第二条所称投资活动，不适用于11号令。

（二十二）境内企业A向境外子公司a提供资金支持，用于a的日常经营活动，是否适用11号令？

答：境内企业向境外子公司增资（母公司增加子公司注册资本等，不需子公司偿还）适用11号令。

境内企业通过境外放款借钱给境外子公司（母公司借钱给子公司，按照外汇管理规定履行有关手续，需要子公司在一定时间内偿还），不适用11号令。

（二十三）境内企业A拟购买境外企业B发行的可转换公司债券，是否适用11号令？境内企业A拟将其持有的境外企业B的可转换公司债券转换为持有B的股权，是否适用11号令？

答：境内企业A购买境外企业B发行的可转换公司债券，不适用11号令。境内企业A拟将其持有的境外企业B的可转换公司债券转换为持有B的股权，适用11号令。

二、敏感类项目

（二十四）《境外投资敏感行业目录（2018年版）》所称“武器装备的研制生产维修”具体指哪些境外投资活动？

答：《目录》所称“武器装备的研制生产维修”，主要是指以下境外投资活动：武器装备的研发、生产、维修、保障等。

（二十五）《境外投资敏感行业目录（2018年版）》所称“跨境水资源开发利用”具体指哪些境外投资活动？

答：《目录》所称“跨境水资源开发利用”，主要是指以下境外投资活动：在流经两国或两国以上国境的河流上进行水资源开发利用。

（二十六）《境外投资敏感行业目录（2018年版）》所称“新闻传媒”具体指哪些境外投资活动？

答：《目录》所称“新闻传媒”，主要是指以下境外投资活动：新建或并购涉及时政且对国家安全有重要影响的境外新闻机构（包括新闻网站）、出版机构、广播电视机构等。

《目录》所称“新闻传媒”，不包括以下境外投资项目：境内新闻机构、出版机构、广播电视机构等在境外设立分支机构、向境外分支机构日常运营增资等。

（二十七）《境外投资敏感行业目录（2018年版）》所称“房地产”具体指哪些境外投资活动？

答：《目录》所称“房地产”，主要是指以下两类境外投资活动：（1）从境内投入资产、权益或提供融资、担保等，在境外新建或并购住宅、商业地产项目以及并购用于建设住宅或商业地产的土地；（2）从境内投入资产、权益或提供融资、担保等，在境外新建或并购房地产企业、向境外既有房地产企业增加投资、投资境外房地产信托基金等。

《目录》所称“房地产”，不包括以下六类境外投资活动：（1）投资物业管理、房地产中介服务；（2）新建或并购企业自用的办公场所、员工宿舍等；（3）投资用于实体产业的基础设施建设和建筑开发，如产业园、科技园、仓储物流园等；（4）建筑企业以获取工程承包合同为目的，对拟承建的项目进行小比例投资；（5）已依法合规取得发展改革部门核准文件或备案通知书，但尚未完成的项目；（6）既不涉及境内投入资产、权益，也不涉及境内提供融资、担保等，全部从境外募集资金的项目。

（二十八）《境外投资敏感行业目录（2018年版）》所称“酒店”具体指哪些境外投资活动？

答：《目录》所称“酒店”，主要是指以下境外投资活动：从境内投入资产、权益或提供融资、担保等，新建或并购星级酒店、旅游度假村、商务酒店、一般旅馆等。

《目录》所称“酒店”，不包括以下四类境外投资活动：（1）投资不持有酒店物业资产的酒店管理业；（2）投资不含住宿的餐饮业；（3）已依法合规取得发展改革部门核准文件或备案通知书，但尚未完成的项目；（4）既不涉及境内投入资产、权益，也不涉及境内提供融资、担保等，全部从境外募集资金的项目。

（二十九）《境外投资敏感行业目录（2018年版）》所称“影城”，具体指哪些境外投资活动？

答：《目录》所称“影城”，主要是指以下境外投资活动：新建或并购境外电影院、院线公司。

（三十）《境外投资敏感行业目录（2018年版）》所称“娱乐业”具体指哪些境外投资活动？

答：《目录》所称“娱乐业”，主要是指以下境外投资活动：（1）新建或并购境外室内娱乐设施（歌舞厅、电子游艺厅、网吧等）；（2）新建或并购境外游乐园、主题公园等；（3）新建或并购境外彩票公司。

（三十一）《境外投资敏感行业目录（2018年版）》所称“体育俱乐部”具体指哪些境外投资活动？

答：《目录》所称“体育俱乐部”，主要是指以下境外投资活动：新建或并购雇佣（或租用）运动员从事体育竞技、表演、训练、辅导、管理的组织、机构、企业等。

（三十二）《境外投资敏感行业目录（2018 年版）》所称“在境外设立无具体实业项目的股权投资基金或投资平台”具体指哪些境外投资活动？

答：《目录》所称“在境外设立无具体实业项目的股权投资基金或投资平台”，主要是指以下境外投资活动：从境内投入资产、权益或提供融资、担保等，在境外设立无具体实业项目的股权投资基金或投资平台。

《目录》所称“在境外设立无具体实业项目的股权投资基金或投资平台”，不包括以下两类境外投资活动：（1）既不涉及境内投入资产、权益，也不涉及境内提供融资、担保等，全部从境外募集资金的股权投资基金或投资平台；（2）境内金融企业已取得国内金融监管部门批准的情况下，在境外设立无具体实业项目的股权投资基金或投资平台。

（三十三）境内企业以境外发行债券为目的在境外设立特殊目的公司，是否属于境外投资敏感行业“在境外设立无具体实业项目的股权投资基金或投资平台”？

答：境内企业在境外设立特殊目的公司，用于发行债券进行境外融资，设立特殊目的公司这一活动不属于境外投资的敏感行业“在境外设立无具体实业项目的股权投资基金或投资平台”。

（三十四）境内企业收购境外音乐制作公司或影视制作公司，是否属于涉及敏感行业的境外投资项目？

答：境内企业收购境外音乐制作公司或影视制作公司，不属于敏感行业境外投资项目。

（三十五）境内企业 A 的某投资项目在取得备案通知书时不属于敏感项目。目前，该项目所属行业被列入敏感行业范围，境内企业 A 拟对项目有关事项进行变更，上述情形应申请备案变更还是申请项目核准？

答：按以下情形分类处理：（1）如果企业拟变更建设规模、建设内容，特别是新增该敏感行业的建设规模、建设内容的，则应按新项目申请核准。（2）如果原备案的建设规模、建设内容不发生变化，例如受汇率或市场因素影响，中方投资额发生变化等，则可申请备案变更。

（三十六）涉及敏感行业的项目予以核准的具体条件是什么？

答：根据 11 号令第二十六条，核准机关对项目予以核准的条件为：

（1）不违反我国法律法规；

（2）不违反我国有关发展规划、宏观调控政策、产业政策和对外开放政策；

（3）不违反我国缔结或参加的国际条约、协定；

（4）不威胁、不损害我国国家利益和国家安全。需要指出的是，当前对涉及敏感行业的项目，符合下列两种情形之一的，核准机关一般将之视为不违反11号令第二十六条第（二）项规定的“宏观调控政策”：①该项目属于政府间合作项目；②核准机关就项目征求意见的过程中，有关行业主管部门和驻外使馆明确表示支持该项目。

三、新项目申报

（三十七）投资主体应在境外投资项目进展到哪一步时履行核准或备案手续？

答：根据11号令第三十二条，属于核准、备案管理范围的项目，投资主体应当在项目实施前取得项目核准文件或备案通知书。

11号令所称项目实施前是指投资主体或其控制的境外企业为项目投入资产、权益（已按照11号令第十七条办理核准、备案的项目前期费用除外）或提供融资、担保之前。

（三十八）境内企业A拟设立境外企业a，暂不投入资产权益（不实缴注册资金，也未开展其他境外投资活动）。A应当何时履行核准、备案手续？

答：按照11号令第三十二条规定，企业应当在项目实施前取得项目核准文件或备案通知书。具体而言，如境内企业A拟设立境外企业a，则A应当在为a投入资产、权益或提供融资、担保之前取得项目核准文件或备案通知书。A可以先注册境外企业a，但在实际出资前（实缴注册资金、为并购或绿地投资投入资产权益等）应当取得项目核准文件或备案通知书。

（三十九）地方企业开展境外投资项目，不涉及敏感国家、地区和敏感行业，且中方投资额不超过3亿美元，应向哪里申请办理境外投资核准、备案？

答：根据11号令第十四条，地方企业开展非敏感类境外投资，且中方投资额3亿美元以下的，备案机关是投资主体注册地的省级政府发展改革部门。

需在其他部门办理相关手续的，请咨询相应部门。

（四十）《国务院办公厅转发国家发展改革委商务部人民银行外交部关于进一步引导和规范境外投资方向指导意见的通知》（国办发〔2017〕74号）提到，“四、限制开展的境外投资”中所列（一）（二）（三）项须经境外投资主管部门核准，请问第（四）项“使用不符合投资目的国技术标准要求的落后生产设备开展境外投资”和第（五）项“不符合投资目的国环保、能耗、安全标准的境外投资”是否需要核准？

答：第（四）（五）项不属于境外投资核准管理范围。

境外投资应符合投资目的国要求的技术、环保、能耗、安全标准。

（四十一）投资主体拟通过其控制的境外企业开展中方投资额不超过3亿美元的非敏感类项目，是否需要申请项目备案或提交项目情况报告表？

答：投资主体通过其控制的境外企业开展中方投资额不超过3亿美元的非敏感类项目，境内不投入资产、权益，也不提供融资、担保，则境内企业既不需要申请备案也不需要提交大额非敏感类项目情况报告表。

（四十二）地方企业向省级政府发展改革部门申请3亿美元以下非敏感类境外投资备案，与其向国家发展改革委申请3亿美元以上非敏感类境外投资备案的申请材料和办理流程是否一致？

答：流程基本一致，均需按11号令有关规定进行办理。部分省（市）出台了本省（市）的境外投资管理办法，具体情形请以备案机关的实际要求为准。

（四十三）境内企业A拟将其控制的境外企业a的股权与境外企业B进行股权置换，是否属于11号令所称境外投资？

答：境内企业A使用其控制的境外企业a的股权，与另一境外企业B进行股份置换，A获得B的股权，上述活动属于《企业境外投资管理办法》第二条所称的境外投资。

（四十四）境内企业参与境外的油气区块项目投标，是否需要在参与投标前向发展改革部门申请项目核准、备案？

答：根据11号令第三十二条，投资主体应在项目实施前取得项目核准文件或备案通知书，项目实施前是指投资主体或其控制的境外企业为项目投入资产、权益或提供融资、担保之前。

境内企业参与境外项目投标，无须在参与投标前申请项目核准、备案。企业可根据11号令第三十二条规定，结合项目具体情况判断申请核准或备案的时间，在项目实施前取得项目核准文件或备案通知书即可。

（四十五）11号令第五十一条所称“恶意分拆项目”如何理解？

答：“恶意分拆项目”主要是指投资主体为规避监管而故意将一个项目拆分为多个项目。需要指出的是，根据项目需要或一般商业惯例而进行的正当合理的分期建设不属于《企业境外投资管理办法》第五十一条所称“恶意分拆项目”。

（四十六）中央管理企业A持有部分股权的境内企业a进行境外投资，a是否应该按照中央管理企业进行境外投资项目备案、核准申报？

答：若中央管理企业A直接或间接拥有境内企业a半数以上表决权，或虽不拥有半数以上表决权，但能够支配a的经营、财务、人事、技术等重要事项，则a应按照中央管理企业进行境外投资项目备案和核准申报。

（四十七）境内企业进行内部架构调整，由境内子公司A并购境内子公司B持有的境外资产C，交易协议的金额为1美元。申请项目核准或备案时中方投资额应为1美元还是境外资产C的实际价值？

答：境内企业进行内部架构调整，由境内子公司A并购境内子公司B持有的境外资产C，在申请该项目核准或备案时，中方投资额可按照协议约定金额1美元申报。核准、备案机关应在核准文件或备案通知书中注明内部架构调整有关情况和境外资产C实际内容。

（四十八）境内企业或机构在境外设立代表处或办事处，不直接从事经营活动，仅负责境内企业或机构营业范围内的业务联络。该等行为核准、备案机关是否可以受理？

答：境内企业或机构在境外设立代表处或办事处，核准、备案机关可参照境内企业在境外新设企业予以受理。

（四十九）投资主体拟在境外发债募集资金用于开展境外投资。投资主体应先办理外债备案登记还是境外投资核准、备案？

答：按照11号令配套格式文本有关规定，投资主体应提供证明投资资金来源真实合规的支持性文件，其中，以发行股票、债券等其他方式募集资金的，应提供相应的支持性文件或说明文件。

具体而言，如果境内企业拟通过发行外债募集境外投资资金，在提交境外投资项目核准、备案申请之时，尚无法取得外债备案登记证明的，应当在项目核准、备案申报材料中对发行外债的进展情况作出说明。

（五十）投资主体在发展改革部门进行企业境外投资项目核准、备案，与在商务部门履行新建境外企业有关手续，是否有先后顺序？

答：没有。

（五十一）境内金融企业开展境外投资，申请发展改革部门项目核准、备案，与办理金融监管部门的相关手续是否有先后顺序？

答：没有。

（五十二）地方企业开展境外投资，需要国家发展改革委核准、备案的，项目申报材料是否需要省级政府发展改革部门转报国家发展改革委？

答：不需要。根据《企业境外投资管理办法》第十八条、第二十九条，投资主体是地方企业的，由其直接向核准、备案机关提交。

（五十三）境外投资项目核准文件或备案通知书有效期为多久？

答：根据11号令第三十五条，境外投资项目的核准文件和备案通知书有效期2年。如确需延长有效期的，投资主体应当在有效期届满的30个工作日前向出具该项目核准文件或备案通知书的机关提出延长有效期的申请。

四、项目变更延期

（五十四）已核准、备案的境外投资项目，投资内容拟发生变化的，投资主体是否需要申请核准、备案变更？

答：根据11号令第三十四条，已核准、备案的境外投资项目，发生下列情形之一的，投资主体应当在有关情形发生前向出具该项目核准文件或备案通知书的机关提出变更申请：（1）投资主体增加或减少；（2）投资地点发生重大变化；（3）主要内容和规模发生重大变化；（4）中方投资额变化幅度达到或超过原核准、备案金额的20%，或中方投资额变化1亿美元及以上；（5）需要对项目核准文件或备案通知书有关内容进行重大调整的其他情形。

（五十五）境内企业已取得境外投资备案通知书，中方投资全部为自有资金，现境内企业拟将部分中方投资改为银行贷款。上述情形境内企业是否需要申请项目变更？

答：境外投资项目资金来源发生变化不属于11号令第三十四条规定的必须变更的情形，企业不需要申请项目变更。如果企业因其他原因需要对资金来源进行备案变更的，可向原备案机关申请，备案机关可视情决定受理与否。

（五十六）境内企业A拟向境外子公司 a_1 注资，并由 a_1 收购境外企业B，A已按上述收购方案取得境外投资备案通知书，现A拟将路径公司 a_1 调整为 a_2。上述情形企业是否需要申请项目变更？

答：境内公司的境外投资收购标的未发生变化，仅路径公司发生变化的，不属于11号令第三十四条规定的必须变更的情形，企业不需要申请项目变更，可在项目完成情况报告表中予以说明。如果企业因其他原因需要对路径公司进行备案变更的，可向原备案机关申请，备案机关可视情决定受理与否。

（五十七）投资主体向其已设立的境外企业增加投资，额度超过原备案金额的20%，此情况应申请变更还是申请新项目备案？

答：如果原核准、备案项目尚未完成，且投资主体拟新增的投资仍用于原核准、备案项目，仅因市场、汇率等因素致使投资额增加，则投资主体应申请原核准、备案项目变更。如果新增投资并非用于原备案项目，而是用于新的境外投资活动，则投资主体应申请新项目核准、备案。

（五十八）境内企业A拟设立境外企业a，并已取得核准文件或备案通知书，但因拟注册的境外企业a名称被占用等原因，a实际注册的名称与核准文件或备案通知书中列明的名称不一致。境内企业A是否需要就此办理变更手续？

答：新设企业的名称发生变更不属于11号令第三十四条规定的必须履行变更手续的情形。核准文件或备案通知书中境外新设企业名称与实际名称不一致，若不影响企业后续工作的，企业无须申请项目变更，可在项目完成情况报告表中予以说明。若影响企业后续工作的，核准或备案机关可受理企业的变更申请。

（五十九）11号令第二条中“向既有境外企业增加投资”与第三十四条“主要内容和规模”“中方投资额”发生变化，有何区别？什么情形下需要申请项目变更，什么情形下需要申请新的项目核准或备案？

答：境内企业已取得境外投资核准文件或备案通知书后，项目尚未完成前，拟发生11号令第三十四条规定的有关情形，企业应按照11号令相关规定申请项目变更。境内企业已完成此前核准或备案的项目，拟向既有境外企业增加投资，开展新的境外投资项目，应按照11号令相关规定申请新的项目标准或备案。

（六十）境内企业在11号令生效前取得核准文件或备案通知书，企业在有效期内并未实施该项目。企业在有效期届满后能否申请项目延期？

答：境内企业在11号令生效前取得核准文件或备案通知书，且有效期内并未实施该项目的，在核准文件或备案通知书有效期届满后，核准、备案机关不再受理项目延期申请。企业应按照11号令及配套格式文本等政策文件要求，提出新的项目核准或备案申请。

（六十一）投资主体申请境外投资项目延期，最长可以延期多久？

答：近年来，国家发展改革委对境外投资项目核准文件或备案通知书进行延期，单次时间一般不超过两年。

五、申报材料

（六十二）境外投资项目核准的申报材料是否有格式模板？如何填报？

答：企业申请境外投资项目核准，可查阅11号令及配套格式文本的附件1“境外投资项目核准或备案申报文件格式文本”、附件2“境外投资项目申请报告通用文本”、附件14“追溯至最终实际控制人的投资主体股权架构图示例”、附件15“境外投资真实性承诺书”。上述格式文本均附有填报指南。

（六十三）境外投资项目备案的申报材料是否有格式文本？如何填报？

答：投资主体申请境外投资项目备案，可查阅11号令配套格式文本的附件1“境外投资项目核准或备案申报文件格式文本”、附件4“境外投资项目备案表格式文本”、附件14“追溯至最终实际控制人的投资主体股权架构图示例”、附件15“境外投资真实性承诺书”。上述格式文本均附有填报指南。

（六十四）境内企业申请境外投资项目备案，是否需要提交《境外投资项目申请报告》？

答：不需要。《境外投资项目申请报告》是申报境外投资项目核准（敏感类项目）需要提供的要件之一。企业申请境外投资项目备案，可查阅11号令及配套格式文本附件1“境外投资项目核准或备案申报文件格式文本”、附件4“境外投资项目备案表格式文本”、附件14“追溯至最终实际控制人的投资主体股权架构图示例”、附件15“境外投资真实性承诺书”。上述格式文本均附有填报指南。

（六十五）境外投资项目的中方投资额应如何计算？

答：根据11号令第十四条，中方投资额是指投资主体直接以及通过其控制的境外企业为项目投入的货币、证券、实物、技术、知识产权、股权、债权等资产、权益以及提供融资、担保的总额。

对于部分投融资结构复杂的项目，可参考11号令配套格式文本附件4“境外投资项目备案表格式文本”里的中方投资额计算方法。

（六十六）境内企业以境内股权置换境外企业的股权，不涉及现金交易，如何计算中方投资额？

答：境内企业以股权置换方式进行境外投资活动，可按照公允价格（比如，上市公司可按照股票市值换算）和交易协议约定的价值确定方法计算中方投资额。

（六十七）境外投资项目核准或备案申报材料中要求填写“投资主体近两年信用情况”，如果投资主体注册不满两年，应如何填写？

答：如果投资主体注册不满两年，可以填写投资主体从注册至今的信用情况。但要注意的是，该项需要填写的内容应包括投资主体及其控股股东（或普通合伙人）直至其最终实际控制人的近两年信用情况。详情见11号令配套格式文本附件4“境外投资项目备案表格式文本”中的填报指南。

（六十八）境外投资项目核准或备案申报材料中要求提供的“最新经审计的投资主体财务报表”有何要求？

答：投资主体应提供最新年度或半年度（日历年度或会计年度）、经审计的财务报表。投资主体成立时间较短、无法提供经审计的财务报表的，应提供投资主体控股股东、普通合伙人或实际控制人最新经审计的财务报表。详情见11号令配套格式文本附件1“境外投资项目核准或备案申报文件格式文本”和附件4“境外投资项目备案表格式文本”中的填报指南。

（六十九）境内企业设立时间未满一年，尚未有经审计的财务报表，企业应如何提交有关材料？

答：根据11号令配套格式文本要求，“投资主体成立时间较短、无法提供经审计的财务报表的，应提供投资主体控股股东、普通合伙人或实际控制人最新经审计的财务报表”。11号令配套格式文本同时要求投资主体提供追溯至最终实际控制人的投资主体股权架构图，投资主体及其控股股东（或普通合伙人）直至其最终实际控制人的近两年信用情况。

信用情况包括投资主体及其控股股东（或普通合伙人）直至其最终实际控制人是否被列入境外投资违法违规行为记录、企业经营异常名录、严重违法失信企业名单、全国法院失信被执行人名单、重大税收违法案件当事人名单等。核准、备案机关可根据企业提供的上述材料及项目情况进行真实性合规性审核。

（七十）境外投资项目核准或备案申请材料中要求提供的“具有法律约束效力的投资协议或类似文件”是否必须提供？

答：投标、并购、合资、合作等项目，投资主体应提交具有法律约束力的投资协议或类似文件。

项目实施前无法取得上述协议或类似文件的，投资主体作出合理、充分的说明后可以不提供本项附件。比如，某项目的内容是投资主体A在境外设立全资子公司a，不涉及对外签署合作协议。投资主体A在申报材料中对该情况作出合理、充分的说明后，可以不提供本项附件。详情见11号令配套格式文本附件1“境外投资项目核准或备案申报文件格式文本”和附件4“境外投资项目备案表格式文本”中的填报指南。

（七十一）投资主体在准备境外投资项目核准和备案的申请材料时，如果中外双方签订的投资协议文件原件是外文的，是否需要附送中文翻译版？

答：暂不要求投资主体必须提交中文翻译版。如投资主体已有协议中文版，建议与协议外文原件同时提交。对于因工作需要，确需申请人提供协议中文翻译版的项目，核准、备案机关将请投资主体补充提供。

（七十二）对项目所需前期费用（包括履约保证金、保函手续费、中介服务费、资源勘探费等）规模较大的，投资主体可以按11号令第十三条、第十四条规定对项目前期费用提出核准、备案申请。该类情形下，企业需要提交哪些材料？

答：投资主体申请项目前期费用核准、备案的，申报材料与一般项目核准、备案的申报材料要求一致，投资主体可查阅11号令和配套格式文本。投入前期费用时无法取得的文件，投资主体作出合理、充分说明后可不提供。例如，企业A拟开展可行性研究或资源勘探，不涉及签署投资协议。企业A对该情况作出合理、充分的说明后，可以不提供该项材料。

（七十三）境内企业A在甲国设立子公司a，a和注册地为乙国的境外企业B签署协议，收购其注册地为丙国的子公司b，收购标的b的主要资产位于丁国。上述情形中，企业在申请项目备案时，应如何填写直接目的地或最终目的地？

答：直接目的地是指境内企业在境外新建或并购的第一层级企业所在地，最终目的地是指在境外新建或并购的最终层级企业所在地，一般是投资最终用于项目建设或企业经营的所在地，在并购项目中，最终目的地一般指被收购企业的注册地。填写方式详见配套格式文本附件4“境外投资项目备案表格式文本”的填报指南。

问题所述情形，直接目的地为境内企业A的境外子公司a所在注册地甲国，最终目的地为被收购企业b所在注册地丙国。由于被收购企业b主要资产所在地为丁国，与 b 注册地不一致的，A 还应在项目备案表“投资主体认为需要说明的事项”中予以说明。

（七十四）境外投资项目核准或备案申请材料中关于“项目对我国国家利益和国家安全的影响分析”应如何填写？

答：投资主体在填写境外投资项目备案表格第十五项“关于项目对我国国家利益和国家安全的影响分析”时，应包括项目对行业发展、宏观经济、我与有关国家关系等方面的积极和消极影响，投资主体还应特别说明项目是否涉及我国禁止开展的境外投资（具体领域参见国办发〔2017〕74 号《关于进一步引导和规范境外投资方向的指导意见》），是否涉及我国禁止或限制出口的资源、产品、技术、服务等（如有，则进一步说明有关部门审批情况），是否对我国履行有关国际义务（如执行联合国安理会有关制裁决议等）构成重大不利影响，是否存在其他威胁我国国家利益和国家安全的情形。填写方式详见配套格式文本附件 4“境外投资项目备案表格式文本”的填报指南。

（七十五）境外投资项目核准或备案申请材料中关于“追溯至最终实际控制人的投资主体股权架构图”应包括哪些内容？是否有示例图可参考？

答：投资主体股权架构图首先应披露投资主体的直接股东或合伙人（包括普通合伙人和有限合伙人）的基本信息（包括名称、国籍或注册地、持股或出资比例等），其次应向上逐层追溯，直至最终实际控制人（最终实际控制人包括单一实际控制人，也包括共同实际控制人，一般应为自然人或国有控股实体）。披露方式和示例图详见配套格式文本附件 4“境外投资项目备案表格式文本”、附件 14“追溯至最终实际控制人的投资主体股权架构图示例”。

（七十六）境内非企业组织申请境外投资项目核准或备案，应如何提供关于追溯至最终实际控制人的投资主体股权架构图？

答：投资主体是事业单位、社会团体等非企业组织的，可以不提供本项附件。

（七十七）境内企业申请境外投资项目核准或备案，关于“投资主体投资决策文件”应提供哪一层级的决策文件？

答：境内企业申请境外投资项目核准或备案，应根据自身实际情况（如根据公司章程等公司治理制度），提供投资主体作出该项投资决策的有关文件。如董事会决议、投委会决议等。部分项目的投资决策权归属于投资主体控股股东或实际控制人，则应提供投资主体控股股东或实际控制人作出该项投资决策的有关文件。

（七十八）境内非企业组织申请境外投资项目核准或备案，关于“投资主体投资决策文件”应如何提供？

答：境内事业单位、社会团体等非企业组织申请境外投资项目核准或备案，应根据自身实际情况，提供投资主体作出该项投资决策的有关文件。

（七十九）投资主体申请境外投资项目核准或备案，申报材料中的真实性承诺书应由谁签署？

答：真实性承诺书应由作出该项决策的人员签署。例如，境外投资项目的投资决策文件是董事会决议的，真实性承诺书应由参与该项决策的董事会成员签署。又如，境外投资项目由管理层决策的，真实性承诺书应由参与项目决策的企业高管（总裁或总经理、主管的副总裁或副总经理、财务总监、法务总监、首席合规官等）签署。

（八十）投资主体申请对已核准或备案的境外投资项目进行变更，需要提交哪些材料？

答：根据11号令及配套格式文本，投资主体申请境外投资项目变更应提交以下材料（详见11号令配套格式文本附件6）：

1. 境外投资项目变更申报文件。

2. 附具以下文件：

（1）拟增加投资主体的：①项目核准文件或备案通知书；②该投资主体注册登记证明文件或身份证明文件；③追溯至最终实际控制人的该投资主体股权架构图（该投资主体非企业的除外）；④最新经审计的该投资主体财务报表（该投资主体是境内自然人的除外）；⑤该投资主体投资决策文件；⑥具有法律约束效力的投资协议或类似文件；⑦证明该投资主体投资资金来源真实合规的支持性文件；⑧境外投资真实性承诺书。

（2）拟减少投资主体的：①项目核准文件或备案通知书；②该投资主体注册登记证明文件或身份证明文件；③该投资主体投资决策文件；④具有法律约束效力的投资协议或类似文件；⑤因减少某个投资主体而造成其他投资主体出资额增加的，增加出资额的投资主体还应提供证明其投资资金来源真实合规的支持性文件；⑥境外投资真实性承诺书。

（3）拟变更投资地点：①项目核准文件或备案通知书；②投资主体投资决策

文件；③具有法律约束效力的投资协议或类似文件；④境外投资真实性承诺书。

（4）拟变更主要内容和规模：①项目核准文件或备案通知书；②投资主体投资决策文件；③具有法律约束效力的投资协议或类似文件；④境外投资真实性承诺书。

（5）拟变更中方投资额：①项目核准文件或备案通知书；②投资主体投资决策文件；③中外方签署的具有法律约束效力的协议或类似文件；④拟增加中方投资额的，还应提供证明投资资金来源真实合规的支持性文件；⑤境外投资真实性承诺书。

（6）拟变更其他重要事项：根据情况附送有关文件。

（八十一）已核准、备案的境外投资项目，投资主体申请延期需要提交哪些材料？

答：根据11号令及配套格式文本，投资主体申请境外投资项目延期应提交以下材料（详见11号令配套格式文本附件8）：

1. 境外投资项目延期申报文件。

2. 附具以下文件：（1）投资主体注册登记证明文件或身份证明文件；（2）项目核准文件或备案通知书；（3）投资主体关于延期的有关投资决策文件；（4）境外投资真实性承诺书。

六、事中事后监管

（八十二）境内企业通过其控制的境外企业开展3亿美元以上非敏感类境外投资，已按11号令要求提交了大额非敏感类境外投资项目情况报告表。后续工作中，原报告表中的投资内容拟发生变更，是否需要履行变更手续？

答：境内企业通过其控制的境外企业开展3亿美元以上非敏感类境外投资，在实施过程中投资内容拟发生变更，境内企业可再次提交大额非敏感类项目情况报告表，说明变更情况。

（八十三）境内企业A此前办理了项目备案，但目前该项目因商业原因中止，企业A应履行什么手续？

答：企业可以提交项目情况报告，将有关情况告知备案机关。若资金已经汇出境外，建议企业按照外汇管理部门有关规定履行有关手续。

（八十四）境内企业A已经完成对境外企业B的收购，如果A计划减资、注销或退出B，A是否需要履行变更手续？

答：境内企业A已经完成对境外企业B的收购，如果A计划减资、注销或退出B，A无须履行变更手续。

（八十五）境内企业A收购境外企业股权，已取得发展改革部门的核准文件或备案通知书，现拟将获得的股权全部或部分转让给企业B，是否需要按照11号令第三十四条履行项目变更手续？

答：如果境内企业A收购股权的项目未完成，需要按照11号令第三十四条履行变更手续。如果该项目已完成，则境内企业A不需要再履行项目变更手续。

（八十六）境内企业已取得核准文件或备案通知书，是否需要在有效期内完成核准文件或备案通知书的所有投资内容？

答：项目核准或备案通知书的有效期是指境内企业需在有效期内开始实施该境外投资项目。企业在核准文件或备案通知书有效期内未开始实施该境外投资项目，也未申请项目变更或延期的，核准文件或备案通知书自动失效。企业在核准文件或备案通知书有效期内开始实施该境外投资项目的，在投资内容不发生改变的情况下，可以继续实施该项目，直至完成已核准或备案的有关投资内容。

11号令所称项目实施，是指投资主体或其控制的境外企业为项目投入资产、权益或提供融资、担保。

如企业在核准文件或备案通知书有效期内已完成所有投资内容后，拟对同一标的实施再增资或股权收购等行为，则不属于项目变更范围，企业需重新办理新项目核准或备案手续。

（八十七）投资主体在境外投资过程中发生重大不利情况的应如何向发展改革部门报告？

答：根据11号令第四十三条，在境外投资过程中发生外派人员重大伤亡、境外资产重大损失、损害我国与有关国家外交关系等重大不利情况的，投资主体应当在有关情况发生之日起5个工作日内通过全国境外投资管理和服务网络系统提交重大不利情况报告表。详见11号令配套格式文本附件12“境外投资重大不利情况报告表”的填报指南。

（八十八）投资主体在完成境外投资后应如何向发展改革部门报告？

答：根据11号令四十四条，属于核准、备案管理范围的项目，投资主体应当在项目完成之日起20个工作日内通过全国境外投资管理和服务网络系统提交项目完成情况报告表。详见11号令配套格式文本附件13“境外投资项目完成情况报告表”的填报指南。

11号令所称项目完成，是指项目所属的建设工程竣工、投资标的股权或资产交割、中方投资额支出完毕等情形。

（八十九）投资主体收到发展改革部门发出的重大事项问询函，应履行什么手续？

答：根据11号令四十五条，国家发展改革委、省级政府发展改革部门可以就境外投资过程中的重大事项向投资主体发出重大事项问询函。投资主体应当按照重大事项问询函载明的问询事项和时限要求提交书面报告。国家发展改革委、省级政府发展改革部门认为确有必要的，可以公示重大事项问询函及投资主体提交的书面报告。

七、在线申报系统

（九十）投资主体拟申请境外投资项目核准，网上申报入口在哪里？

答：投资主体可访问国家发展改革委门户网站（www. ndrc. gov. cn），在“政务服务中心”栏目下点击进入“网上政务大厅”，在“事项申报”或“我要申报”栏目下，选择“境外投资项目核准”事项，点击“事项申报”即可进入全国境外投资管理和服务网络系统。投资主体需按照页面提示进行用户注册和登录，登录后选择“项目核准”开始申报。

投资主体也可直接访问全国境外投资管理和服务网络系统（http://jwtz. ndrc. gov. cn/jwtz-ex/index. action）进行用户注册和登录，登录后选择“项目核准”开始申报。

（九十一）中央管理企业拟申请境外投资项目备案，网上申报入口在哪里？

答：中央管理企业可访问国家发展改革委门户网站（www. ndrc. gov. cn），在“政务服务中心”栏目下点击进入“网上政务大厅”，在“事项申报”或“我要申报”栏目下，选择“境外投资备案”事项，点击“事项申报”即可进入全国境外投资管理和服务网络系统。企业需按照页面提示进行用户注册和登录，登录后选择“项目备案”开始申报。

企业也可直接访问全国境外投资管理和服务网络系统（http://jwtz. ndrc. gov. cn/jwtz-ex/index. action）进行用户注册和登录，登录后选择“项目备案”开始申报。

（九十二）地方企业拟申请境外投资项目备案，网上申报入口在哪里？

答：地方企业可直接访问全国境外投资管理和服务网络系统（http://

jwtz. ndrc. gov. cn/jwtz-ex/index. action）进行用户注册和登录，登录后选择“项目备案”开始申报。中方投资额3亿美元以上（含）的项目将由系统分送国家发展改革委办理，3亿美元以下项目将由系统分送省级政府发展改革部门办理（北京、上海已建立有关政务服务系统，上述地区的地方企业办理3亿美元以下项目请咨询当地发展改革部门）。

（九十三）投资主体拟申请大额非敏感类项目报告，网上申报入口在哪里？

答：企业可直接访问全国境外投资管理和服务网络系统（http：//jwtz. ndrc. gov. cn/jwtz-ex/index. action）进行用户注册和登录，登录后选择“大额非敏感类项目报告”开始申报。

（九十四）投资主体向国家发展改革委申请境外投资项目核准、备案，是否需要登录全国投资项目在线审批监管平台申请获取项目代码？

答：不需要。2018年3月1日起，全国境外投资管理和服务平台已与全国投资项目在线审批监管平台共享信息。投资主体只需在全国境外投资管理和服务平台进行申报即可，系统会自动赋予项目代码。若此前已取得全国投资项目在线审批监管平台项目代码，该代码依然有效，请直接将代码填入网络系统中“项目代码”一栏。

（九十五）投资主体向国家发展改革委申请境外投资项目核准、备案，是否需要向国家发展改革委政务服务大厅提交纸质材料？

答：核准、备案机关是国家发展改革委的，投资主体注册登录全国境外投资管理和服务系统（也可通过国家发展改革委政务服务大厅相应事项办理通道进入）在线进行申报并提交电子材料即可。

涉及国家秘密或不适宜使用网络系统的事项，投资主体可以将纸质材料提交国家发展改革委政务服务大厅进行申报。

（九十六）全国境外投资管理和服务网络系统是不是发展改革部门办理核准、备案单独使用的系统？办理商务主管部门的新建境外企业相关手续是否也要使用这个系统？

答：全国境外投资管理和服务网络系统是发展改革部门办理境外投资核准、备案的网络系统，商务主管部门新建境外企业相关手续办理不适用该系统，有关详情请咨询商务主管部门。

（九十七）在全国境外投资管理和服务网络系统注册用户时，需要上传的“法人代表身份证明材料”是指什么？

答：指的是企业或机构法定代表人的身份证扫描件。

（九十八）全国境外投资管理和服务网络系统用户注册的审核机关是哪里？

答：全国境外投资管理和服务网络系统按照用户分类进行注册审核。中央管理企业和自然人注册用户由国家发展改革委外资司审核，地方企业注册用户由省级政府发展改革部门外资相关处室审核。

（九十九）在全国境外投资管理和服务网络系统中同一家境内企业申报多个境外投资项目，是否可以注册多个用户账号？

答：同一家企业应注册一个用户账号。

（一百）投资主体有其他境外投资相关问题的，应向哪里咨询？

答：中央管理企业可向国家发展改革委政务服务大厅咨询，联系电话010－68505050。地方企业可按照属地原则咨询注册地发展改革委。